open · 世界工匠精神书系

| 德国著名企业只做不说的秘密 |

Die Thyssens

蒂森家族

德国钢铁世家的悲剧

[德] 徐菲·施莱克 / 主编
[德] 托马斯·罗特尔 / 著　叶乃沂 / 译　李淑静 / 校译

贵州出版集团
贵州人民出版社

图书在版编目（CIP）数据

蒂森家族：德国钢铁世家的悲剧 / (德) 托马斯 · 罗特尔著；叶乃沂译. -- 贵阳：贵州人民出版社，2018.12

（open · 世界工匠精神书系）

ISBN 978-7-221-14979-4

Ⅰ. ①蒂… Ⅱ. ①托… ②叶… Ⅲ. ①企业家—家族—史料—德国 Ⅳ. ①K835.160.9

中国版本图书馆CIP数据核字(2018)第285143号

Besuchen Sie uns im Internet: www.campus.de
E-Book ISBN: 978-3-593-40266-6

著作权合同登记图字：22-2017-07号

蒂森家族：德国钢铁世家的悲剧

著　　者：[德]托马斯 · 罗特尔（Thomas Rother）
译 校 者：叶乃沂 / 译　李淑静 / 校译
组稿编辑：谢丹华　黄筑荣
组稿编辑助理：何文龙
责任编辑：马文博　何文龙
出版发行：贵州出版集团　贵州人民出版社
地　　址：贵阳市观山湖区会展东路SOHO办公区A座
邮　　编：550081
装帧设计：贵州创世天际印务设计有限公司
印　　刷：贵阳精彩数字印刷有限公司
开　　本：880毫米×1230毫米 1/32
印　　张：6.875　字数：120千字
版次印次：2018年12月第1版　2018年12月第1次印刷
书　　号：ISBN 978-7-221-14979-4
定　　价：29.00元

本书获2016年贵州省出版传媒事业发展专项资金资助

出版说明

近年来，无论是“一带一路”倡议、亚投行，还是“中国制造2025”，无不昭示着新时代的中国正以开放、发展、创新、合作的姿态面向世界。我们策划的这套“open·世界工匠精神书系”正是立意于此，旨在向中国读者介绍世界优秀企业和企业家以及在他们身上所体现出来的“工匠精神”。而说到“工匠精神”，“德国制造”世界闻名，其代表，如汽车领域的奔驰、电气领域的西门子、化学领域的拜耳，等等，无不享誉世界，有口皆碑，诠释着一丝不苟、兢兢业业、锐意臻美的工匠精神。

他山之石，可以攻玉。本书系选取了德国最具代表性的一些家族企业和人物的传记进行译介出版。通过这套书，读者能够更深入地了解严谨理性的日耳曼民族是如何在工作中践行标准主义、完美主义、精准主义、专注主义和实用主义的，而这些文化特征又是如何成就了“德国制造”，成为百年传承的根基的。而在此基础上，读者必将会对“工匠精神”有更深入的思考和理解。

此次出版的“open·世界工匠精神书系”共有6种书，分别是：《摩恩家族——德国贝塔斯曼出版公司的掌舵人》《弗利克家族——德国经济发展史上的传奇色彩》《涅克曼家族——德国邮递百货巨擘的荣耀与耻辱》《厄特克尔家族——德国食品王朝的生意奥秘》《蒂森家族——德国钢铁世家的悲剧》《格茨·维尔纳——德国dm企业创始人的成功奥秘》。除《格茨·维尔纳——德国dm企业创始人的成功奥秘》一书是个人传记外，其余5本均为家族传记，主要讲述了摩恩、弗利克、涅克曼、厄特克尔、蒂森五大家族和格茨·维尔纳的创业史，并揭露了许多不为人知的企业和家族内幕。

这6种书是由本套丛书的主编德籍华人徐菲·施莱克女士选定的。徐菲主编长期在德国工作和生活，对德国的文化和国情都十分熟悉，她选择的这些作品所介绍的企业或家族，在德国乃至全世界都有着很强的影响力，能够充分诠释出“德国制造”的内涵。而且，这些作品都侧重纪实性，内容深入浅出，在德国面世以来广受读者欢迎。而在作者方面，本套丛书除了《格茨·维尔纳——德国dm企业创始人的成功奥秘》是由企业家为自己作传以外，其余5本均由德国知名报刊的记者或专栏作家执笔，而翻译则是由主编组织精通德文的译者来进行，足以保证本译丛内容的权威性和可读性。

“open·世界工匠精神书系”是一套体现创业创新精神的学习型丛书，其视野是开放的、全球性的、面向未来的，其姿态是积极的、进取的。我们希望这套丛书能够让广大读者开拓视野，有所收获。

Contents | 目　录

前言
莱茵-鲁尔地区的历史悲剧

钢铁、煤炭、金钱。在工业化兴起的创业时代，德国西部充满蒸汽机的力量。“煤炭用于蒸汽机，蒸汽机用于工厂与矿山，铁路用于煤炭运输，煤炭用于火车，钢铁用于铁路与机器，煤炭用于获得更多钢铁，钢铁用于煤矿，钢铁和机器产生更多的煤炭，更多的煤炭产生更多的钢铁和机器……”一种难以停顿的、错综复杂的原动力在19世纪与20世纪之交把莱茵地区和鲁尔地区推向前进。这是一段充满野性的、风暴般喧嚣的德国历史。在那个波澜壮阔的时代，有一个家族，它既是时代的推动者，又是被推动者，并与另外几个卓越的家族一起代表着德国的经济、货币和影响力。这个家族就是：蒂森家族。

今天德国的鲁尔地区，当时的莱茵-威斯特法伦工业区，正如作家沃尔夫•施耐德眼中看到的，像是在巫婆那热气腾腾的蒸锅里一样。20世纪初，德国的三大家族在鲁尔河畔的埃森市和米尔海姆市共同生活，他们紧密相连，相互影响。他们是：克虏伯家族、施蒂纳斯家族和蒂森家族。历史学家威廉•特约尔将这个地区描述为一个从农民和小市民的社会转变为充满铁路、蒸汽机船舶、矿山、工厂以及股份公司和银行的工业化社会的典型区域。1826年，冯•皮克勒-穆斯考公爵在这里发现了一片更为柔软温存的土地。他在魏玛拜访了歌德后开始了返回之旅，当他穿越鲁尔河谷地区时，他深深地爱上了这片土地。“我路过的这一带，自然风光温和怡人，特别是鲁尔河畔，那是一个期盼着从浮躁喧嚣的生活中回到愉快和宁静中去的地方，有着让人看不够的松软绿色植被。鲁尔河两岸的山坡被繁茂的橡树和山毛榉树林覆盖，树林一会儿高耸于河谷，一会儿又渐隐于远处。到处是鲜花装饰的肥沃土地，到处是五彩缤纷。新开垦的土地被鲜嫩的间种牧草和三叶草覆盖，嫩绿和深绿交相辉映。每个村庄被长满新叶的树丛包围着，林间是茂盛的草地，鲁尔河就沿着这些草地弯弯曲曲地流向下游。我笑着想到，如果有人预知自己会在鲁尔河边离开人世，那他肯定会在这河畔住下，以一种爽快的方式去既实现预言，又让预言无法实现。”

19世纪初，约15万人生活在这片有田野、森林、村庄和几个小城市的无名之地。100年后，人口增加了10倍。作为最大的开拓者，蒂森家族、施蒂纳斯家族和克虏伯家族毫无疑问拥有这片土地决定性的份额。施蒂纳斯家族的影响几十年后便消逝了，而克虏伯家族和蒂森家族的生命力更加长久，并且这两个家族的名字与煤炭、钢铁、金钱以及数不清的财富联系在了一起。它们是否也和幸福联系在一起呢？

不用说，能干的人运气好。可家族的创建者奥古斯特•蒂森是一个幸福的人吗？毫无疑问他的生活十分成功，但真的让人十分满意吗？事实上，在许多企业家的家族里，似乎很容易出现希腊悲剧里描写的那种灾祸出现时的场景，蒂森家族中的争吵和不幸就经常发生。从为金钱争吵不休到婚姻破裂，从父子关系恶化再到离家出走等等，不幸的事情总是时有传闻。除了煤炭和钢铁，精挑细选的艺术品也是蒂森家族四代子孙生活里的重要内容，它们经常涉及数百万到数十亿的交易，这也是家族内部争吵不休的源头之一。

蒂森家族还涉及从工业界的权谋到政治权谋方面的问题。虽然蒂森家族同其他鲁尔地区的家族一样将自己标榜为钢铁世家，但是与其他家族不同的是，那些家族，例如克虏伯家族，在其传记、历史中很少将家庭、公司、人和机器分开，而蒂森家族到了第二代就已经显露出不同的兴趣，其后代也不再仅仅用钢铁世家来标榜自己了。

埃德加•毕辛格在叙说关于家族的奠基人和继承人时写道："与家族姓氏联系在一起的那些人生轨迹中有很多比小说中的描写更令人气恼伤神的事情。"有一个例子：28岁时，年轻的奥古斯特•蒂森同胡果•施蒂纳斯一起在1897年创办了莱茵-埃森银行，1899年创办了罗林舍尔-萨尔-摩色尔矿山公司，1902年创办了米尔海姆矿山协会，1904年创办了莱茵-威斯特法伦电力公司（RWE），后来还创办了矿厂、造纸厂、纸浆厂、船舶航运、石油公司、商业机构以及其它许多被施蒂纳斯称之为自己所有的东西。施蒂纳斯的财富也水涨船高，“他将一切纳入囊中：汽车、造船、煤炭交易、大酒店、政党、部长……他收揽这一切，吞没这一切。从原料行业到新闻报纸，所有这一切都在他的领导之下”。两人进行了长期成功的合作：施蒂纳斯积极收购和整顿企业；蒂森提供资金，通过购买股份进行控制。1900年，他们两个家族在鲁尔地区整合了7个包含90个炼焦炉和两个煤球厂的石煤（烟煤）开采机构。

十年后，这两个家族公司的友谊出现了裂痕。施蒂纳斯牢牢控制了一个运河建设项目，这个项目很大程度上制约了蒂森的经济利益。施蒂纳斯没有向蒂森透露鲁尔河道扩建项目，而这个项目能够让更大的货船在扩建的河道通行。施蒂纳斯家的弗里德里希-威廉姆斯冶炼厂就在鲁尔河畔，而蒂森家在鲁尔河畔却没有建立冶炼厂。蒂森因为担心其竞争对手单方面获得优势而进行了公开抗议。在米尔海姆城市议会大会上，蒂森反对鲁尔河道扩建工程，但没有成功。他默默地离开了市议会，再没有回来。老一辈的人知道，是施蒂纳斯在暗中运作，成功地掌控了议会的表决票数。这样就终结了这两个资本家之间的合作关系。一位传记作者委婉地提到：蒂森对施蒂纳斯有较好的起点从不羡慕，但他似乎不同意施蒂纳斯对公道的理解，他不能接受“从公益事业中捞到哪怕是一丁点儿的好处”。

大约15年后，死亡让这两个工业家永远地分开了。施蒂纳斯，这位“鲁尔区的王”，1924年先于蒂森两年去世。胡果•施蒂纳斯的亿万帝国在20世纪20年代是如此庞大，以至于同时代人佩特鲁斯在法庭上出庭时甚至警告说，施蒂纳斯可以将天空买下来。而他那靠拐杖行走的儿子，用了和父亲同样的名字“胡果”。到了1973年，在穷得靠妻子养活的情况下，他甚至坐到了为穷人和有犯罪记录者准备的凳子上，不得不请求救济。

弗里茨•蒂森博士的情况与其相似。他是家族奠基人奥古斯特•蒂森的长子，根据图片文献记载，从1948年8月到10月，他一直处于清除纳粹余孽的诉讼审理过程中。文献中的照片呈现了一个精疲力竭地坐着的老人，就像曾经的施蒂纳斯一样，扶着拐杖，带着一脸痛苦而厌恶的表情。在支持纳粹的问题上被同盟国拘留8年后，他正等待着清除纳粹余孽特别法庭的判决。作出判决的关键点是，他究竟是希特勒的重要财政支持者，还是仅仅是个追随者。作出这个判决的几天前，另一件诉讼案刚刚结束。古斯塔夫•克虏伯•冯•波伦-哈尔巴赫的儿子阿尔弗雷德•克虏伯•冯•波伦-哈尔巴赫，刚刚被纽伦堡战争审判法庭判处12年监禁并没收其全部财产。在1948年的秋天，74岁的弗里茨•蒂森博士是否会被认定为在纳粹统治时期积极为带来战争灾难的轴心国效力的模范工业家呢？或者说，41岁的阿尔弗雷德•克虏伯是否由于为纳粹统治效力的模范形象而被美国军事法庭定罪？有一点对这两个一老一少的人是一样的：他们的财产后来得到了归还。尽管以前没有将这两个家族的姓氏在公司方面混用，但到了20世纪末的时候，两个家族的姓氏合并到了一起——蒂森克虏伯。蒂森家族的“穹顶”（公司标志）架在了克虏伯家族的环形标志之上。这一结合既有经济联姻的象征意义，又仿佛无声地洗涤了两家与纳粹相牵涉的不幸过往。

品牌的经营者并非总像这个品牌涵盖下的钢铁那么强硬。作为富豪的儿子，弗里德里希•克虏伯的职业生涯是从创建公司开始的，到1826年结束，没有超过40年，毫无成就，他本人也近乎变得贫穷。他未成年的14岁孩子阿尔弗雷德•克虏伯接管了公司，后来成了传奇人物，坐上了那个时代钢铁加工领域的头把交椅。然而，在争取家庭幸福方面他却失败了。阿尔弗雷德用义务、服从、纪律、责任，尤其是工作（除了生产还是生产）替代了爱情。奥古斯特•蒂森在这方面亦是如此。弗里德里希•克虏伯的儿子阿尔弗雷德•克虏伯在经济方面比他父亲更为成功，但媒体关于他有同性恋倾向的报道摧毁了他。他的死因至今还是个谜。阿尔弗雷德•克虏伯的女儿贝尔塔是其唯一的遗产继承人，她也是德国最富有的女人，曾嫁给外交官冯•波伦-哈尔巴赫。克虏伯家族最大的厄运是阿尔弗雷德•克虏伯作为纳粹的大炮制造商在1948年被判犯有战争罪。而且他的第二次婚姻也崩溃了，他的儿子阿恩特又是一个花花公子和人人皆知的同性恋者，将留给他的遗产挥霍一空。克虏伯家族的最后一个后代是阿尔弗雷德的孙子，他是个沉默寡言、性格孤僻的人。1967年，他把家族企业遗赠给了以他名字命名的基金会。几个月后，他就孤独地去世了，就像他的祖父阿尔弗雷德一样。

这两个家族的历史在许多细节上差不多完全一样，这绝不是偶然的。从令人紧张得喘不过气来的19世纪工业化开始，再到不幸的事情接踵而来，最后到资产阶级的悲剧结果。在家族企业里，几乎所有创业者都遇到类似的情况。例如今天鲜有人知的托马斯•穆瓦尼，他是杜塞尔多夫工业俱乐部的先驱，曾经坚定地整合了德国所有工业领域的专门知识，在19世纪创立了第一个德国工业联合会。这位工业巨人后来却疾病缠身，可怜兮兮地坐在轮椅上。同样，今天很少有人还能记起的弗里茨•哈科尔特，他曾在鲁尔地区的布尔格威特开创了第一个德国现代化工厂，是后来许多大企业家遵循的榜样，特别是蒂森。这些家喻户晓的工业家和社会政治家最后几乎是贫困地待在家里，就像一个被他们淘汰掉的工人一样坐在小筐前的一张凳子上。

还有一个人们不熟悉的工业化时代巨子，他的名字引导着像蒂森一样的工业家们。他就是弗里德里希•格里罗。专家们将他同阿尔弗雷德•克虏伯、奥古斯特•蒂森和托马斯•穆瓦尼列为鲁尔地区的四大工业巨头，并且称他为德国经济的先驱。经济评论家汉斯•鲍曼称他为德国的第一位现代管理者。格里罗，这位意大利移民的后裔，他第一个发起并促使自己和他人将不同生产部门合并到一个联合公司里。他建立了冶炼厂、轧钢厂、矿山企业、啤酒厂、镜子制造厂以及银行企业。而到了最后，这个人却不为世人所知。他是天才与癫狂的混合体，因此被送进了杜塞尔多夫的格拉芬贝尔格精神病院。这个医院是格里罗作为企业家最后完成的一个投建项目，他在那里因神经错乱而孤独地离开了人世。

格里罗死后，蒂森的名字出现在世人面前。奥古斯特•蒂森在格里罗去世后加入了萨尔克协会，并进入了开采委员会，后来成为石煤矿产以及钢铁生产企业协会的主席，通过这一举动他成功地进入到矿山建设、矿石开采和钢铁生产行业。一个巨人继承了另一个巨人的事业。蒂森在格里罗死后成了鲁尔、莱茵、艾姆舍尔、利珀这四个地区最大的矿山业主。

仿佛他已经意识到尘世间可达到的一切都是短暂的，包括他自己拥有的一切。蒂森在一次圆桌会议上同一个来自拥有百万资产的家族的协会会员——阿德林纳•施蒂纳斯-考皮纳进行了富有哲理的谈话。他们思考的主题是死亡。能够参与这次圆桌会议谈话的人都十分出色，这些谈话带有神秘、传奇的色彩。蒂森曾经对钢铁大亨阿德林纳说："人们死后很快就会被遗忘。当我们来到这个地区时，伟大的格里罗无人不知，可今天有谁还会谈及格里罗？"

在杜伊斯堡-马克斯洛地区有两家公司，公司的两个主要大股东是盖布里拉和奈纳•格里罗姐弟俩。这两家公司从事锌、铅、铜的业务，并且从事很少有人涉足的稀有合金供应，如铋、锑、钴。盖布里拉是传奇创业之父弗里德里希•格里罗兄弟的后代，1976年她在奥运马术比赛中获胜的照片出现在报刊头条新闻中，用了"奥运金牌女孩"的醒目标题。姐弟俩牢牢地维系了家族传统，他们都是社会、文化和体育设施的捐助人，他们按照家族信条管理着父母留下的遗产。盖布里拉70岁的母亲玛瑞塔是家族企业的大股东，1992年12月，她与儿子奈纳和女儿盖布里拉在一起过圣诞节，并跨年保留了圣诞树。在1993年元月的一个夜晚，他们再次点亮蜡烛，这时圣诞树被点燃，熊熊烈火吞噬了圣诞树后，也烧着了别墅，火灾使整个建筑完全被毁坏，只剩下断壁残垣。据报道，子女们试图从烈火中救出母亲，但玛瑞塔最终还是死于这场火灾。而在当地报纸的报道中，部分观点似乎透露出别墅的损失才是首先值得惋惜的。

的确，这座被烧毁的别墅有着不同寻常的意义。它是受文物管理部门保护的青年先锋派风格别墅建筑，更重要的是，它是德国工业化奠基时代的领军人物奥古斯特•蒂森的儿子——弗里茨•蒂森曾经拥有的物业。当父亲奥古斯特迁往鲁尔高地的朗茨贝格城堡以后，儿子弗里茨按照父亲的意愿，也应该住在与他的财富和经济地位相符的地方。于是，在1912年，弗里茨请英国建筑师按照英国乡村别墅风格修建了这座豪宅。它有30多个房间，配有音乐沙龙，男、女会客厅，挂衣间，佣人房间，一个精致的英式花园，还有迷宫绿道，以及许多其它设施。像父亲一样，儿子弗里茨也十分重视家庭，他以女儿阿妮塔的名字给别墅命名。现在阿妮塔别墅废墟所在的那片土地已经卖给了别人，新的业主们将这里重建成了多个私有住宅。昔日的钢铁大王弗里茨•蒂森所居住的地方，在2002年首批迁入了30多户业主。花园里的鲜花重新绽放了，那里立着一块纪念牌，让人们能够记住这里的建造者们。

虽然蒂森家族中不同成员的生活差异很大，可有一个共同点将他们的所作所为联系起来，那就是对金钱和工作的态度。奥古斯特•蒂森用40年的时间成为德国最大的富豪之一。贝尔塔•克虏伯在1914年估计，当时他的财富比第二富有的德国人还高出三分之一。一位从事蒂森家族研究的专家的观点可能是对的：虽然奥古斯特•蒂森非常富有，但他尊重金钱是将其作为权力、生产和自由的要素来看待的，他并不用金钱进行享乐，也从不浪费。奥古斯特•蒂森从不像守财奴唐老鸭的叔叔那样沉醉于财富中，他也不是有钱的美国山姆大叔的类型，而且也没有对财富无止境的贪欲。金钱对于他来说，只是用来投入到工厂中的资源，通过将它投资到工厂使其增长，变得更多、更有权威。

究竟是什么在驱使着他始终孜孜不倦地创建工厂、买进工厂，冒着风险借钱给别人，持续不断地建设、扩张、投资（这一切又在不断地重复又重复），这不得而知。一个不显眼的小市民，背着一个破旧的旅行袋沿着铁路轨道走到工厂，很难想象，不久以后他竟成了自己缔造的帝国的独裁者。他像一只羽翼丰满、威武矫健的雄鹰，带着钢铁般冷峻的目光坐在那里注视着他的董事们，要求他们做出简明扼要的汇报。他能够安静、耐心地听人讲述。为什么说他是独裁者呢？那是指他使用权力的时候。像克虏伯那样的钢铁企业家，总是拿着马鞭，显露着王公贵族般的气度。但蒂森不是这样的。与同时代的其他工业家不同，蒂森是一个充满棱角的孤独者，不喜欢活跃在公众的视野里。

的确，在生命最后的一段时光，他拥有了一座宫殿，可是他还是将这座朗茨贝格城堡用于举行企业社交方面的活动。蒂森是一个有修养的男人吗？不能算是，而且也不是一个有文化教养、善于享受的人。至于他对价值的估计，这方面稍好一些，他喜欢雕刻家奥古斯特•罗丹的作品。罗丹的那些白色大理石雕像展现了许多德国资本家那心神不定的形象，蒂森在罗丹的“好作品”中看到了人生价值实现的关键。蒂森怎样看待社会呢？“我的工作本身就是社会性的，我建造得越多，赚得越多，我的工人就能得到越多。”蒂森的孩子们、儿媳们、孙子们、外甥们则有他们自己的一套社会观念。他们捐赠了不计其数的财产，把祖先遗留的财产和艺术品收藏无偿地捐献给了社会。

对今天经济管理专业的学生来说，垂直化企业的概念是很容易理解的。而当奥古斯特·蒂森在19世纪末建立起他的联合企业时，那却是一种革命性的行为。联合企业垂直整合了从原材料到终端产品的所有业务，涵盖了从煤炭开采到炼焦，到高炉炼钢，再到轧钢，最后到机械制造的所有环节。伴随着这一革命性的措施，他造就了从上莱茵杜伊斯堡到丁斯拉肯地区的工业环境。当时的新兴大型企业通常将自己限制在单一专业领域或单一行业里，而这个小个子男人却成了大胆的工业巨头，成了经济领域中成千上万人心目中的偶像。

奥古斯特·蒂森也成了一个王朝的缔造者，那是一个远远超出煤炭和钢铁范围的王朝。这方面也许和鲁尔地区许多其他的大家族不一样，蒂森家族中一代又一代的家族成员不仅仅改写了德国的经济历史，而且家族中的传奇人物还通过自己鲜明而具特色的个性深远地影响了各自所处的时代。为此，本书按传记和编年史的特点重点突出了三个部分：第一部分，涉及奥古斯特·蒂森及随他而起的德国工业革命，以及鲁尔地区早期资本主义的发展历程。第二部分，涉及奥古斯特的儿子弗里茨·蒂森以及他和纳粹之间悲剧性的纠葛，以及他的妻子阿梅莉在德意志联邦共和国时代为拯救家族遗产而付出的巨大努力。在第三部分中，蒂森家族的名字超越了德国国界，顺应全球化的新趋势，成了世界闻名的标识。然而不是通过钢铁，而是通过艺术。奥古斯特的孙子，即弗里茨•蒂森的弟弟海因里希•冯•蒂森-博纳米萨男爵的儿子汉斯•海因里希•蒂森-博纳米萨，通过他对艺术收藏的热情，成就了蒂森家族史的最后一部分。

如果没有巨型轧钢机，没有无尽的、充满数字的财务报表，没有地产，没有工厂，没有辉煌灿烂、价值连城的艺术品，那么这个伟大的家族还给我们留下了什么？仅仅是一个传奇的姓氏？还是一段不可磨灭的历史？

第一部分
缔造者

（奥古斯特·蒂森，1842—1926）

1. 与神奇传说少有联系的继承人：家族姓氏

出具一份死亡证明书，对一个医生来说并不困难。死者已躺在棺材里，将棺盖揭开，对尸体进行一番观察就行了。然而当那副棺盖被揭开时，站在一旁的人都屏住了呼吸，本应该躺在棺材里的那具尸体不见了。失踪的死者与父亲奥古斯特•蒂森长期不和，他在生活中挥霍无度，风流韵事不断。他虽然聪明过人，但精神状态很不稳定。作为商人，他并不成功，但又渴望得到父亲的万贯家财。现在人们要确定他的死亡原因，但却发现在慕尼黑洲际旅馆的棺材里躺着的是另外一个死者。那位私人顾问，即失踪的死者生前的私人医生，口瞪目呆地望着棺材里的那具年轻士兵的尸体。蒂森家族的成员解释道，奥古斯特•蒂森的儿子小奥古斯特•蒂森的尸体失踪了。1943年6月的某一天，本该在慕尼黑洲际旅馆的小奥古斯特•蒂森突然就人间蒸发了，他究竟去了哪里，至今无人知晓。这就是说，他可能只是失踪了。如今，所有人都接受了这种解释。蒂森家族的传奇本来就由一连串充满冒险的个人命运构成，这些传奇故事充满了神秘色彩，使人捉摸不透，难以解释，惊讶不已。而且还有一点就是，它们绝不是纯洁的。

蒂森家族中有三个突出的人物决定了家族的历史。第一个是奥古斯特•蒂森，他是老一辈的家族企业缔造者，家族后代的财富起源于他，他不仅是家族的传奇人物，他的名字也是德国经济史的一部分。在他的有生之年就已经有许多关于他的事迹在流传，而就像克虏伯家族一样，这些事迹形成了蒂森家族的传奇。第二个是弗里茨•蒂森，奥古斯特的儿子弗里茨的一生反映了德国20世纪前半叶极具戏剧性的历史。他在亲身经历这段历史的过程中经历了逃亡、流放和监禁。其去世后，又作为富有的科研赞助者产生了深远的社会影响。第三个是汉斯•海因里希•蒂森-博纳米萨，作为奥古斯特的孙子，他最终成为20世纪末和21世纪初家族中最光辉的形象。

在2002年4月的最后一天，四位遗孀站在蒂森家族第三代中最重要代表的棺木旁。亿万富商五位妻子中的四位依次向其丈夫或者前夫表达了最后的敬意。”他是一位绅士”，第五位遗孀卡门•蒂森-博纳米萨（她的娘家姓塞尔薇拉）称颂道。蒂森家族的绝大多数男人都是绅士，是正直的、可以被当作为数不多的男性密友的典范。但是，这位将被安放到位于埃森和凯特维希之间的鲁尔高地朗茨贝格城堡的祖墓里，与父亲海因里希和祖父奥古斯特合葬在一起的家族成员，是一位非常特殊的人物，他是一个世界主义者。汉斯•海因里希•蒂森-博纳米萨曾经四海为家，他的一生真正地见证了这个开始于1900年左右的家族公司从奥古斯特•蒂森时代一个小小的盘圆钢生产企业上升为一个享有世界性声誉的大型企业的发展历程。2002年初的那个葬礼具有国际化的氛围，葬礼上使用了西班牙语、德语和英语。除此之外，在四月葬礼的这一天，鲁尔高地也聚集了许多亿万富翁们。

汉斯•海因里希•蒂森-博纳米萨死于81岁，他有着光辉卓越的一生，生前一直深受公众的瞩目。悼念在非常小的圈子里进行，地位很高的贵族出席了追悼会，例如，汉斯•海因里希・蒂森-博纳米萨的女儿弗朗西斯卡的公公——哈布斯堡的奥托公爵。五位遗孀中的最后一位——59岁的卡门在追悼会上问候了42位来宾。同卡门一起参加追悼会的还有汉斯•海因里希・蒂森-博纳米萨的第一任妻子费尔斯滕贝尔格•德•特蕾莎王妃（76岁），以及其他配偶——菲奥娜伯爵夫人（69岁）和一直留着长长金发的邓尼斯伯爵夫人（59岁）。他的第二任妻子——英国模特尼娜已于1965年去世。五个孩子看着父亲的棺木缓缓地被放入墓穴。汉斯与最后一位妻子非婚生的儿子博尔亚，已经是21岁的小伙子了，他静静地站在他母亲卡门的身旁。他的养父亿万富翁蒂森-博纳米萨生前重视他吗？这仍然是一个谜。

“将来某个时候我们还会再见的。”卡门说道。作为一个虔诚的天主教徒，她相信这一点。然而在朗茨贝格城堡举行了葬礼之后，在这个地方他们很难有再见的机会了。蒂森家族里活着的人当中没有一个在葬礼过后还会继续留在美丽的朗茨贝格城堡，只有死者能感知这座家族老宅了。钢铁王国的缔造者奥古斯特•蒂森一直希望的是，朗茨贝格城堡能成为他家庭的庇护所，一家人舒舒服服地住在那里，但这在他生前一直没能实现。鲁尔地区两个最大的钢铁巨头是多么相似啊：个子瘦高的加农炮大王阿尔弗雷德•克虏伯梦想着与家人在山庄别墅幸福长久地生活；而身材矮小的奥古斯特•蒂森也希望他的子孙们生活在景色优美的鲁尔高地，让这座富丽堂皇的城堡里充满欢声笑语。但是两人都没有看到他们所期望的自己后代之间的温馨与和睦。

在19世纪末20世纪初的时候，巴黎《费加罗报》的时事评论家朱勒斯•胡瑞特以短小精悍的文章告诉他的读者，“我们与蒂森同处于一个时代”。这个提法获得了新闻方面的成功。在20世纪之初，“鲁尔地区联合公司先生”这个名号在当时的欧洲极受尊重。这位法国人是第一个在德国进行了调查的外国作家，他甚至冒险进入了充满浓烟的莱茵-威斯特法伦工业区。在那里，他得到新兴工业区中像火山一样喷涌而出的新一代有权势的人物之一煤炭与钢铁之王奥古斯特•蒂森的接见。蒂森同这位法国作家吃了丰盛的早餐并进行了交谈。真是幸运！这次调查后，他断言，“蒂森在德国拥有很大的权力”。他写道：“蒂森先生属于那种作为他的邻居你真的会感到骄傲的人。他是过去三十年来为德国工商业付出巨大努力的最伟大的人物之一。”奥古斯特•蒂森是“当今最完美而典型的德国人”。他的经历似乎与他的祖国一样。1867年，当他用父亲留给他的遗产中的一部分——10000马克开始自食其力的时候，他还只是个平凡的人。而今天他却领导着四个冶炼厂……那是一个十分强大的企业。

胡瑞特，这位阅历丰富、目光犀利的观察家比克虏伯更欣赏蒂森，他把蒂森称为“鲁尔盆地最具名望和影响力的冶炼厂主和矿山业主”。此外，这个法国人还敏锐地发现了蒂森和克虏伯之间的差异。并不是所有重要的德国工业家“都能得到同样多的皇帝恩宠”，有些人主动争取这种恩宠，有些人“等待恩宠的到来”，……而另一些人却避开它。1900年，克虏伯与德国皇帝的关系近得如胶似漆，两个人甚至一同被编进了儿歌里，使人分辨不出：到底克虏伯是皇帝的铁匠呢，还是皇帝通过订单成为了克虏伯幸运的铁匠呢？而蒂森却属于那种对权贵不屑一顾的人。虽然蒂森最大的矿山企业被冠以了“德国皇帝”的名称，但是，早在蒂森像别人一样通过购买、接管、合并等方式得到这个企业时，它就已经拥有了“德国皇帝”的名称。

关于这位当时成为神话的名叫蒂森的伟人，我们知之甚少。充满魅力的故事开始于奥古斯特•蒂森和约瑟夫•蒂森两兄弟彼此间牢不可破的忠诚。19世纪70年代，在鲁尔河畔米尔海姆市附近一个叫史蒂鲁姆的村子边上，有一幢很小且漏风的房子，屋里桌子紧挨着桌子，兄弟俩在这里一起削笔学习，以便在即将来临的钢铁资本时代，有能力产销尽可能多的条形钢。而到了20世纪和21世纪之交，其孙子与曾孙们自负而无聊的社交活动却已沦为国际八卦小报的笑谈。

在20世纪上半叶，蒂森的名字代表着钢铁工业和德国经济的崛起。这一切的背后（确切地说，是在这一切的前面）都有奥古斯特•蒂森（1842—1926）的名字。他是当时最大的采矿冶炼联合企业帝国的缔造者，他管理着鲁尔地区最重要的企业，并且开创性地发展了德国的企业联盟经济。在经济专业领域，人们是这样描述的："1871年，蒂森开创性地通过整合多家冶炼厂而创建了一个联合企业，并在此后数十年中，将它扩展成一个从采矿、采煤到冶炼钢铁，再到钢材加工和精制的企业。"由于这些大量的工作，他给所信赖和充满期待的家庭只留下了太少的时间。所以，当他像克虏伯一样到达了人生事业的顶峰，最终成为德国鲁尔高地朗茨贝格堡主人的时候，却成了一个离婚的、孤独地站在自己城堡面前的男人。在这方面，他与那位钢铁大王阿尔弗雷德•克虏伯也很相似，阿尔弗雷德的妻子也离开了自己的丈夫。

奥古斯特的儿子弗里茨•蒂森（1873—1951）和妻子阿梅莉（1877—1965）的名字与岌岌可危的政治地位、个人悲剧以及捐助数百万资金支持科研紧密相连。弗里茨•蒂森首先关注他在各个企业中的局部利益，这些企业后来并入了德国最大的钢铁巨人——联合钢铁公司，这是一个将德国最重要的钢铁企业联合为一体的托拉斯。作为虔诚的天主教徒和对大众政治的狂热造成了弗里茨的悲剧命运。由于他不幸地将梦想与纳粹主义理想掺杂在一起，因此他形成了在德国大企业家中罕见的独特个性。他相信，纳粹主义可能会让天主教观念与代表国民的联邦议院并存，于是他和他在莱茵及鲁尔地区的工业界朋友通过财务支持帮助阿道夫•希特勒获得了政权。而之后他又公开宣布与希特勒断绝关系。他为自己的错误信念和倔强付出的代价是被关押在集中营。家族史中与纳粹纠葛的污点从来没有被如实地披露出来，战后在德国甚至完全被人们遗忘。战后的德国重建需要钢铁，因而需要蒂森。当他的侄子汉斯•海因里希•蒂森-博纳米萨成了家族里大放异彩的人物时，弗里茨•蒂森却成了一个悲剧式的英雄，这不得不令人同情。

20世纪后半叶，蒂森家族失去了在工业界的显赫地位。然而，对伯爵、男爵以及其它贵族头衔的追求似乎让这个家族重新找到了自我。家里的第三个孩子海因里希•蒂森（1875—1947）开了个头，他与匈牙利姑娘玛尔格特•德卡松•冯•博纳米萨男爵小姐结了婚，并认自己的岳父为父，从而成为蒂森-博纳米萨男爵。他的女儿们效仿父亲，玛格丽塔（1911—1989）与匈牙利的巴提亚尼伯爵结了婚，加布里尔（1915—）和本亭克男爵结了婚。海因里希的儿子汉斯•海因里希（1921—2002）有个女儿叫弗朗西斯卡（1958—），她的婚姻甚至高攀至奥地利皇帝的孙子卡尔•冯•哈布斯堡。阿妮塔•蒂森（1909—1990）是弗里茨•蒂森的女儿，她于1936年由科隆大主教主持与“匈牙利的猪头伯爵”（《明镜周刊》语）完婚。然而，开始的时候并非一帆风顺。阿妮塔的父母不得不为她举办许多晚间舞会，他们相信以此能够吸引莱茵-鲁尔地区贵族圈子里某位绅士对女儿的青睐。“他们没有钓到期盼的金龟婿”，专栏作家托马斯•克林格尔写道，“人们议论纷纷，处处流言蔓延”，“似乎到处弥漫着一种不愉快的气氛……直到匈牙利伯爵茨希的出现。他明目张胆地展开猛烈追求，虽然比起追求他未来的妻子来，他更多地是追求她的金钱”。最终阿妮塔通过与约瑟夫•玛丽亚•盖伯•茨希伯爵的婚姻使她的儿子费德里科（1937—）和克劳迪奥（1942—）从一生下来就作为茨希-蒂森伯爵进入到贵族阶层。家族企业缔造者奥古斯特•蒂森的女儿赫德维希（1878—1960）也特别重视与贵族联姻。她通过婚姻两次成为男爵夫人，第一任丈夫是费迪南德•冯•洛伊弗格伯爵，第二任丈夫是马克斯•冯•贝尔格男爵。她的女儿们效仿了母亲，米格农成了乌姆布兰德-斯杜帕赫伯爵的妻子，而在马克西米兰娜的四次婚姻中，第一任丈夫是赛思勒男爵。

除此之外，奥古斯特•蒂森的后代与大工业家的称号关联甚少。正如蒂森家族第四代的乔治•海因里希•蒂森-博纳米萨（1950—）所说：“非常少。”蒂森作为第一个姓氏在家族的第二代中有了第二个姓氏——博纳米萨作为补充。这个复姓首先用在家族企业缔造者奥古斯特的第三个孩子身上，即海因里希•冯•蒂森-博纳米萨男爵（1875—1947），然后海因里希的儿子汉斯•海因里希（1921—2002）沿用了这个复姓姓氏。这个复姓首先通过汉斯而被公之于众，上流上会的八卦小报上称他为“海尼”。同样被公之于众的还有富人和超级富豪那些令人津津乐道的冗杂的生活细节：拥有亿万价值的艺术品、离婚又再婚、遗产纠纷、金钱和艺术藏品纠纷。这位亿万富翁经历了长期的家庭纠纷，在达成协议和重新改写遗嘱几个月之后，于2002年春天逝世。蒂森家族发生的事与其他上流社会的家族一样，是由不断积累起来的财富滋生出来的严重家庭问题，而这些问题为媒体所梦寐以求，无论在过去还是现在。

在这个家族史中，诉讼似乎成了每一部传记的内容要素。如果还没闹到法院，那么至少还有一件又一件的丑闻引起轰动。这是与他人无关的纯粹的家族内部事务？即使蒂森家族不被公众的流言蜚语所淹没，在法庭面前也一样暴露无遗。难道这只是纯粹的家族事务？正是冶炼厂和矿山工人无穷无尽的汗水使这个家族的财富成为可能。蒂森家族曾经拥有德国最多的私有财产。没有这些财产作基础，这个家族便不可能拥有那么多艺术品。没有这些财产作基础，家族企业王国的缔造者奥古斯特•蒂森也不会去寻求购买由法国雕塑家奥古斯特•罗丹雕刻的那些精致无比的白色大理石雕像了。对罗丹的雕塑作品赞叹不已的人很少会去推测这些作品可能涉及罗丹的一段秘密爱情，而实际上正是这段爱情促使这位艺术家创作了这些作品，或者说是强烈地推动了他的创作。而罗丹的这些作品后来又促成了一段人生佳话，并产生了世界上除英国女王外最大的私人艺术品收藏。

这个家族的历史起初也是微不足道的。奥古斯特•蒂森长得矮小，只有1.54米高，广播电台记者乌里希•亨茨称他为侏儒。可是这位矮小的来自亚琛地区的天主教徒却在由新教创业资本家主导的莱茵-鲁尔地区成了巨人。显然，他有拿破仑式的小个子男人所能激发出的能量。他不仅成了钢铁和煤炭领域的经济巨人，而且达到了德国工业家的巅峰。当阿尔弗雷德•克虏伯首先考虑寻求批准在埃森附近的莱茵高地上建造一座山坡上的高大粗笨的现代化山庄别墅，并且别墅工程已进行到无法停下来的时候，奥古斯特•蒂森却率先申请建造了位于布鲁肯豪森的那座巨大的冶炼厂。当杜伊斯堡附近的村子仿佛要被冶炼厂吞噬时，冶炼厂建设工程已经不可能停下，愤怒的农民和居民蜂拥而至，进行了徒劳的强烈抗议。后来，当这两个曾经权势如日中天的男人去世的时候，不仅孤独，而且无依无靠。他们寄以厚望的家庭成员当中，没有或者仅有一个坐在他们临终的床前。蒂森临终前，只有他侄儿的妻子挂念着他；克虏伯身边也只有那个他并不喜欢的儿媳妇陪伴。

到了21世纪初，那是蒂森-博纳米萨父子针锋相对的时期。诉讼案审理期间发生了一件荒唐的事情：主审法官搁下了这件难断的诉讼，辞职不干了。这位法官承认，这桩民事诉讼案离断案还遥遥无期，他对此已经不堪忍受了。后来，由于达成了一个秘密的庭外和解协议，而且父亲汉斯•海因里希•蒂森-博纳米萨紧接着去世，并于2002年春天举行了葬礼，这场公开的闹剧似乎才终于落下了帷幕。难道一个灵柩入墓仪式就是蒂森这个姓氏的最后展示？的确，正如海因里希•海涅所说，每一个墓碑下面都是一段世界历史。蒂森家族的人没有墓碑，他们秘而不宣地躺在家族墓地里。他们的故事不清不楚，掩藏着诸多秘密。正如一位小说家所写：在最后的争吵和灵柩安放的过程中，一个孩子——西蒙•冯•蒂森-博纳米萨于2002年诞生了。他就是蒂森家族的下一代：蒂森五世。

2. 熔炼钢铁，铸就宫殿：家族企业

“那个复活节的星期天是一个美好的日子。樱桃树花开了，我丈夫用樱桃花装饰了棺木。”朗茨贝格城堡园艺总管的遗孀怀念着1926年4月4日那个星期天，她的主人下葬了。那时候的东家被称为主人，她的主人84岁了，一直和蔼可亲。他绝不是整天只想着工作，也没有失掉亲切与诚恳，更没有感到过孤独。这位城堡园艺总管的遗孀已去世很久了。1981年，她对着一位记者的麦克风说：“在后面，在周围，在我们身旁经过，在进入城堡的路上，他天天如此，总是那么亲切友好。”另一位员工领班对他的主人奥古斯特•蒂森的回忆却不一样，“他的声音轻微、冷静，问问题时显得很亲切。但真正要注意的是，不能完全相信这种亲切友好，更重要的是自己要很好地遵守规定、履行职责、合理做事，要靠业绩数字，只有这些东西才经得住那位老人钢铁般冷峻的目光”。

传记作者威廉•特约尔将蒂森称为德国采矿业“伟大的老人”，说他总是出其不意地突然出现在自己的某个企业，“长鼻子上方那对小眼睛里向四周射出那种令人生畏的犀利目光”。有几位专家说他是“德国钢铁工业建造师”，甚至连冷静的历史学家也赞扬他是“莱茵地区的煤炭大师”和“进步的引领者”。其他一些人则简单地称他为“美国人”。蒂森确实很早就对美国的企业管理感兴趣了。在别人这样称呼他之前，他早已把工作放到了自己生活的中心。他坚信，“不努力工作，我们就不能出人头地”。简直可以说，有一种对工作的狂热在推动着他。一

部非公开的传记写道，蒂森肯定说过：“我无法想象有什么比一个男人不工作更糟糕。”这似乎是一种社会责任，“要不停地为社会进步和提供新的工作机会担忧”。第一次世界大战后，他提出，对一个已经崩溃的国家来说，工作就是最好的补救措施。工作对于他自己来说就是“最好、也是最简单的保健方式”。他断言，“时代艰难，前景黯淡”，但是，“我们仍感觉到，前方有希望的火花在闪烁”。可以说，“那种不知疲倦、勤勉、快乐的工作状态与简朴节约的生活方式结合在了一起”。在凌晨，他经常因抵挡不住夜里工作的疲倦而在椅子上睡着。

现在看来，他的这种信条——工作，除了工作还是工作——已经被家族的其他成员传承了下来。他的弟弟约瑟夫和他一样非常勤奋，他们一起在最初的办公室里把公司发展壮大。他的儿子弗里茨和海因里希也效仿父亲。孙子汉斯•海因里希•蒂森-博纳米萨同样认为工作是自己的第一德行，并称赞他的第五任妻子卡门工作出色。汉斯的儿子同样是一个细心负责的工作者。奥古斯特•蒂森的确是一个工作狂人。

关于自己，奥古斯特•蒂森在去世的四年前曾这样写道：“人们无论好意还是恶意总是将我算作资本家那个阶层的人，但那是他们一厢情愿。我了解自己，我生活中遇到过干了许多工作的人，例如在我公司下属工厂里或在其他企业里，我和那些勤劳能干的员工都是一样的人。”在他眼里，透过钢铁厂里到处堆满的金属，每天都能看到那句格言：“工作停止，思行锈蚀。”他很清楚自己对于公司的意义，并知道把自己摆在一个正确的位子上。“即使在时运不好的年代，即使在看不到回报的时候，我也把维持企业经营和为工人创造就业作为自己的责任，以便他们在困难年代能够养家糊口。我背负重担，承担责任，克服困难，去应付债主的催逼。无论多么艰难，也绝不拖欠工人工资。在困难时期，工厂主的负担到底有多重，只有经受过这一切的人才知道。而我工厂里那些最普通、最朴素的员工，如果要他们来面对这些困扰，他们一定不想和我交换位置。工厂主面对的不是一天的烦恼，而是成年累月的压力。”似乎他想证明那种“没有耕耘就没有收获”的民间说法，他强调说：“如果人们认为，资本家的生活只有奢侈和享乐的话，那么他们很可能会羡慕拥有财富的资本家。然而，即便是这种可能被高估的令人羡慕的奢侈生活，也完全不能抵消其伴随的大量工作忧虑。一个负责任的企业领导人一生都要背负这些重担。”

如果不去告诫别人做工作（确切地说，是去做更多的工作），他就不是那个珍惜金钱和时间的蒂森。他说：“如果工薪阶层认为8小时工作制确实是理想的制度，并觉得这可以解决他们的生活和收入问题的话，我就不大可能去改动它了。”但是，他也有他的巨大难处，“我们的经济如果……想要有效率，就要让经济效益超过一般水平，达到最高”。他的极度谦虚、质朴与亲和力总是如转经筒般不断地重复。然而在自我描述的结尾部分，这位先生却不那么自命不凡了，“资本家和工厂主个人所拥有的利益其实很少，甚至没有一个无忧无虑的年纪。但我却相信，可以说，绝不是抬高我自己，公众从我一生工作中得到的好处要比我自己得到的要多得多。我一生所创造的东西和做过的事，最后都留给了公众，而我自己却不能从中得到什么以改变我的生活”。

这样一个从自身出发为别人考虑的人是不是很受欢迎呢？毕竟他是一个孤僻的人，绝不向周围的人轻易敞开心扉。传记作家威廉•特约尔写道：“他所受到的欢迎更多的是一种由敬畏、敬重和仰慕组成的奇妙混合体，就像在莱茵河谷艰苦工作的人们在碰到同样也辛苦工作的人时的那种感觉。”1922年，米尔海姆地方报纸发表了一篇关于奥古斯特•蒂森及其工作的报道，那可以算是最长的、唯一的自我表白了。这一点尤其令人惊讶，因为蒂森总是沉浸在工作中，从不说大话，这样的自我表白与一个看起来总是很谦逊的人似乎大不相同。蒂森的档案管理人曼弗雷德•拉什这样评论：“那是一种自我形象的展示——完全是有意这样做的。人们甚至可以说，他是自命不凡的。”事实上，他让人给自己塑了三座半身雕像，其中一座是由非常著名的雕刻家格奥尔格•科尔贝雕刻而成。此外，在过80岁的生日时，他向祝贺者们寄出了至少600张印有他肖像的明信片。

这个人创建了德国最大的钢铁联合企业之一，当他还在世的时候，就已经是个传奇人物了。他的人生被载入史册，无人能及。在他看来，“工作”的概念是如此的宏大，几乎涵盖了无比重要的意义。在18世纪到19世纪之交的那个时代，企业开创者们对工作的理解都很类似，那就是对自己和别人都要求最高的工作效率。蒂森没有仪表堂堂的形象，衣着简朴，不引人注目。他的嗓音高，不是阿多尼斯[1]那样的美男子。但他那充满活力的举止对自己的形象作了弥补。乌里希•亨茨称他为“穿礼服的将军”。同时代的人将他描绘成坚定、冷静、聪明、有着极好记忆力的计算者。他有一双炯炯有神的小眼睛，嘴唇很薄，双手长而瘦削。他在谈论生意时言简意赅，不做备忘；在做决定时当机立断，绝不拖泥带水。

在决定19世纪最后三十年经济发展的领军人物当中，蒂森属于第三代。他试图靠自己去做所有的工作。蒂森的第一间办公室经常被描述成改造后的马厩，事实上那是一间农场庄园的偏房，以前供短工或临时帮工在那里过夜。房间里到处堆放着钢铁厂可能会用到的各种材料，甚至包括抹布和润滑油等杂物。他坐在房子中央，记账，核算，做方案，组织筹划，冥思苦想，近乎痴狂。作为一个青年企业家，他同时也是公司的会计、工程师和出差人员，对公司的一切都负有责任。他的秘密就是：我想做，我要做，我能够做到！

一位历史学家对他企业的飞速发展这样总结：“要生产钢铁，就需要煤炭，于是奥古斯特•蒂森购买了煤矿。他发明了新的矿井建造方法，引发了采矿业的革命，成了莱茵-鲁尔地区最大的煤矿主。他在法国罗林根购买了矿井，也在俄罗斯从事商业活动。他的工厂需要水，他就建立了自来水厂。炼焦厂有剩余的煤气，他就通过管道将其引出来，因此成了远程供热的开拓者。1891年，蒂森要在杜伊斯堡-布鲁克豪森建立一座巨大的钢铁厂，这个企

[1] Adonis，传说中的植物神，美男子，身材高大，五官俊美精致。

业需要融资，于是他就入股银行。他不只是生产钢铁，还要对钢铁产品进行加工，于是蒂森机械制造企业便发展兴旺起来。同时，自己的贸易商行和分支机构也相继建立起来。”

要充分理解这个小个子男人的人生之路，简直会令人晕眩。他事必躬亲，掌控一切，不愿意与人分享他的权威，这便导致他产生了不受约束的权力欲望。也许他自己从未发觉这一点。德国冶金业杂志《钢铁》在1926年5月的一篇悼念文章中把这一点视为其家庭悲剧的征兆，并为其进行了开脱："钢铁般坚毅的性格是他的基本特质，也是他成功的基础。通过那不透明的、带强烈个性色彩的处事方式而形成的经验，毫无疑问，使他的性格变得更加刚毅强硬了。”

他的许多行为举止使人感到很古怪。因为父亲曾经营过货币兑换业务，所以他和他的兄弟姐妹也许受到过父亲清点钞票的潜在影响。奥古斯特•蒂森秉承的节约思想深入骨髓，以至于变得吝啬，甚至到了十分荒唐的地步。对他来说，节约是所有财富大厦的根基。甚至在成了百万富豪之后，他仍然在工厂里捡煤球、弯钉和小铁块，并把它们放到工厂负责人的桌子上，含有责备其“浪费”之意。在企业总部办公室，只有一部用于转接电话的总机，而其它的公司都有了独立电话机。当他的董事们认为有必要安装独立电话机时，蒂森去询问了邻近的公司，问他们独立电话机节约了多少消息传递员。得到的回答是，一个也没有。于是提议被拒绝了。直到许多年以后，蒂森才使用了独立电话机。

在鲁尔河大桥前，马车得停下，蒂森要步行过桥。这样做是为了免付那10芬尼的过桥费？这确实是其中一个原因。但除此之外，蒂森还把它视为一种运动。他确实很愿意走路活动一下，所以只有在天气恶劣的时候，他才让马车接送自己和其他人。他鼓励前往朗茨贝格城堡访问的宾客和同事，花十分钟从大桥前面的“凯特维希”火车站步行前往，并因此建议安排特定的列车班次。第三个原因是，在桥上，马车和当时第一批出现的汽车会发生拥堵。蒂森会很多东西，但就是不会等待。对他而言，那意味着浪费时间。他从未拥有过一辆汽车，只有过一辆马车（葬礼过程中，他的私人马车位于他的灵柩后面，行驶在所有子孙的前面），他最喜欢乘坐的是有轨车辆，当然是坐最廉价的“木凳车厢”，先是有轨马车，后来才是有轨电车。

蒂森很早就是一个富裕的怪人。当他旅行时，必定带一些黄油面包，因为他不会考虑进餐厅用餐：那太贵了。他也要求别人这样。有一次，他对矿井董事会说道：“我想请各位先生于星期四自备一些黄油面包，这样，我们就不会因午餐而浪费时间。”他对勋章、头衔和名誉不屑一顾。他拒绝了授予他的名誉博士学位；罗马授予他的最高教皇勋章，据说他从未佩戴过，事实上他只看过勋章盒一眼。当一位政府首脑在一次集会上总是称他为总经理先生的时候，蒂森不顾情面地说：“我不是总经理，但我领导许多总经理。”他总是将信封上没有盖章的邮票揭下来寄回给发信人，这样做“是不让人以为我会留下它们”。他会检查所有东西，“您装合同的信封太重，这样会缴纳双倍邮费，请检查并调整”。

然而，他却不能阻止死后人们给予他荣誉。科隆大主教在他的灵柩旁祈祷并赞扬这位死者。葬礼上，所有人都充满敬意地称他为“老先生”，但在其它场合就不一定是这样。当全身长着黑色鬃毛的马匹要拉动灵柩马车时，柏林各大报纸的记者举起了相机，闪光灯闪个不停，那些黑马因而受惊，前蹄高高扬起，使在场的人感到十分害怕。去世的老人最后一次动了起来，他的灵柩在马车上剧烈颠簸，眼看着要跌落下来。不！即使是在这来势凶猛的突发状况下，他在自己的葬礼上依然镇定地保持着蒂森精神，毫发无损地逃过了这一劫。这一幕惊险至极，“上万人在那里惊魂未定”。

然而，在这个人的生命中，何时、何地、怎样才有家庭的位置呢？这个人确实渴望有个家庭。当他有了妻子、三个儿子和一个女儿时，他还是坚持工作第一。这种工作就是一切的观念彻底地毁了这个家。事实上，他的家从未像当时人们期待的那样，“是一个宁静的、充满欢乐和幸福的住所”。1940年，一位职位较高的雇员在回忆录中写道：“奥古斯特•蒂森既不关心他的妻子，也不关心他的孩子们。”怎么会这样呢？传记作家威廉•特约尔对此持怀疑态度，一个人的一生不可能是这样的。但他确信，工作、生活和事业在这个人身上“确实是不能很好地协调统一”。历史学家英格丽特•鲍尔特-凯特曼认为，蒂森的生活“表明他如此突出的性格特质造成了他的生活悲剧和命运，也使他变得孤独、缺乏热情和缺乏对他人的同情。他的一生，只留下了宏伟的事业成就。他是这样一个男人，人们怕他、钦佩他多于爱他……但奥古斯特•蒂森并不寻求人们对他的爱。他完全沉迷于自己的事业与权力……他是一个伟大的孤独者，在他的冰冷的外表下充满了权力欲望和对他人的藐视，独自走完自己的人生和事业之路”。尽管言辞激烈，但这一观点可能是对的。

从经济学的观点来看，奥古斯特•蒂森的人生是一部美国式的成功史。从家庭的角度而言，他的人生基本上是失败的，和谐的家庭生活基本没有。在杜伊斯堡，他以父亲的名字给一个矿井命名：弗里德里希。他的儿子弗里茨也效仿他，以自己女儿的名字将其英国青年先锋派建筑风格的别墅命名为阿妮塔。然而，奥古斯特•蒂森在一生中与他诸多兄弟姐妹们的关系要比与自己子女的关系更好。弗里德里希•克虏伯一生下来就拥有极佳的经济条件，并且后来又得到亲戚方面的慷慨资助。但最后，绝大部分财富都被他挥霍掉了，而且他的“德国钢铁之梦”，是他儿子阿尔弗雷德通过发明无缝焊接的轨道钢轮才实现的。与弗里德里希•克虏伯不同，蒂森在开始经营他的事业的时候就知道要有效使用家庭资产，使自己的收益最大化。作为企业家，与那位“老”弗里德里希•克虏伯不一样，他变得越来越无懈可击，越来越具有传奇般的独特个性。但作为家庭成员，他不得不忍受更多的争吵、婚姻破裂以及子女之间的纷争。到头来，他虽然腰缠万贯，拥有梦幻城堡与黄金制成的水龙头，却只是个住在山上的孤独老人。

然而，没有人一来到世上就会变成他那样的孤僻者。失败的婚姻对他的命运造成了很大影响。1872年，蒂森30岁的时候，作为一个天主教徒与18岁的新教教徒赫德维希•佩尔泽结了婚。在鲁尔河畔的米尔海姆，正派的市民阶层是信仰新教的。拥有制革作坊的佩尔泽家族属于上流社会，佩尔泽的母亲来自一个有贵族生活方式的富裕家庭。蒂森住在佩尔泽家旁边的一栋转租的房子里，他因此隔着花园栅栏结识了这位住在隔壁的年轻姑娘。儿子弗里茨在自己的生活传记中写道，他母亲“不是出于爱与父亲结婚，而是出于她父母的意愿，因为他们把这位雄心勃勃的年轻工业家视为女儿理想的结婚对象”。同样，奥古斯特的弟弟约瑟夫•蒂森也想进入上流社会，他在八年之后通过婚姻成了新教上流社会的一员。赫德维希•佩尔泽嫁给蒂森时带来的嫁妆相当可观，那些钱后来投资到她丈夫的事业拓展和股票项目中去了。对于奥古斯特•蒂森来说，这些钱后来成了他家庭厄运的根源。

这对年轻夫妇在生育方面是多产的。1873年，大儿子弗里茨出生；被称为小奥古斯特的第二个儿子1874年出生，他将给父亲带来许多痛苦；三儿子海因里希出生于1875年，后来成了上门女婿，并按贵族的方式改了自己的姓氏；最小的女儿赫德维希于1878年降临到人世。从各种报道对这个家庭的刻画可以看出，这个冷漠、有距离感的丈夫和父亲，一个非常忙碌的商人，很少花时间在家庭方面，很少关心妻子和儿女们。他视娱乐消遣为浪费时间，而比他年轻得多的妻子则喜欢享受生活。她的儿子弗里茨后来说她是“远近闻名最漂亮的姑娘”。她待人热情友好，但却忍受着丈夫的冷漠和经常不在身边，生活总是乏味地一成不变。这不是她想要的那种企业家太太的生活。这些造成了难以避免的婚姻危机。

婚姻危机是怎样形成的呢？蒂森家族的成员，家族企业缔造者的弟弟约瑟夫的后代斯特凡•威格纳这样描述，她“试图通过去豪华温泉浴场，特别是位于威斯巴登的温泉浴场，以此来忘掉她对家庭和婚姻的失望。在这里她遇到了‘欧洲社交圈’，在这里不愁没有机会结交朋友，这恰好与她固有的天性和气质吻合。而且，在这里人们更能理解她所期盼的生活方式。她结交的熟人中，首先要提到的是乔治•卡尔•冯•罗特斯曼男爵，他是骑兵少校和劳海姆大公温泉浴场的警长。19世纪80年代初，赫德维希有过一次流产，奥古斯特•蒂森否认自己是父亲并提出离婚”。但蒂森同时也为自己的名誉担心。过了14年，直到1885年，这段婚姻才宣告结束。

从那之后，生活开始充满恶意和诡计。妻子赫德维希•佩尔泽提出了离婚条件：因为她的嫁妆对公司的发展做出了决定性的贡献，所以家庭的全部财产要转移到四个孩子名下，并给她提供合适的赡养费。奥古斯特•蒂森同意了，但也提出了自己的条件：公司过户的时间必须由他来决定，在此之前，他是唯一的财产拥有者。后来事情也的确是这样安排的。而这位父亲的想法是，在他的有生之年不会将公司过户到子女名下。没想到在他去世之后，他的子女通过这份离婚协议获得了极大的好处。虽然父亲奥古斯特•蒂森总是讲自己是企业的主人，但根据这份协议，他早就不是财产的主人了，而只是享有财产的使用权。这样就使这些遗产处于非常有利的条件下：当老人去世后，就不需要缴纳遗产税了。

奥古斯特•蒂森接手了未成年子女的抚养权。他雇了一位家庭女教师，有亲戚谈到了子女们和这位“代理母亲”之间的争吵。虽然母亲时不时地来看望他们，但孩子们肯定还是很想念她。赫德维希•佩尔泽搬去了威斯巴登罗特斯曼男爵那里，他们于1887年结了婚。然而，三年后男爵便去世了，她获得了每年6000马克金币的年俸，后来这笔年俸甚至翻了十倍。1893年，她又与上尉指挥官弗朗索瓦•德侯乌结婚，婚后搬到了根特。这位丈夫也在婚后三年去世。又过了三年，另一位军官成了她的新宠：比利时将军艾玛努埃尔•德•罗伊特娶她为妻，并将她带回了布鲁塞尔。这三次婚姻“为她开启了社交大门”，甚至使她进入了比利时政治和王室的最高社交圈子，她得到了“那种她在奥古斯特身边无法得到的生活”。直到1948年，在针对她儿子弗里茨的清除纳粹诉讼的审判过程中，她的情况才被人所知：在20世纪30年代，她成了比利时公民，在布鲁塞尔创建了佩尔泽家族基金会。因为，正如一位家族成员所披露，“她显然有了这样的想法：由于几次婚变而获得的全部金钱已经没有必要自己拥有了”。儿子弗里茨和儿媳阿梅莉•蒂森于1940年来看望了临终前的母亲赫德维希。随后，他们被移交给了希特勒的秘密警察。

子女们在看待父母离婚协议与财产分割的时候，观点与父亲不同，他们想在父亲有生之年就拥有自己的财产，他们认为自己就是企业的主人。其结果是：争吵，甚至闹到了法庭。被宠坏的儿子小奥古斯特和女儿赫德维希向父亲提起了法律诉讼。小奥古斯特的声音和体形都很像父亲。这个“小奥古斯特”很聪明，同时也很急躁和神经质，据说还有许多绯闻。尽管如此，父亲在他24岁时，给予了他公司的共同代理权。可是年轻的小奥古斯特想在宫廷里发展自己的事业。在父亲毫不知情的情况下，他加入了波茨坦的宫廷近卫骑兵连，成了第一个来自市民阶层的预备军官。后来，他成了贵族俱乐部的成员。“他似乎并不是一个无需财务帮助的统治阶层一员”，他所获得的骑士封地以及他多变的婚姻应该对他晋升到贵族阶层有很大的帮助。

父亲奥古斯特对子女提出的法律诉讼惊愕不已。儿子小奥古斯特在柏林股票市场散布谣言，并写信给多家与父亲合作的银行。奥古斯特的弟弟约瑟夫徒劳地对父亲和子女之间的关系进行了调解。1900年，奥古斯特•蒂森在给一位亲密的朋友的信里写道：“我这一生中从来没有感到过自己如此不幸。”当儿子小奥古斯特的兄弟弗里茨和海因里希以及妹妹赫德维希也加入其中的时候，奥古斯特•蒂森在1902年诉说了自己的痛苦：“当我看到我的子女们想要利用我的成就，并将毁掉我的心血时，我的所有希望都破灭了。”1904年，当孩子们的母亲赫德维希也参与进来时，纠纷变得颇有戏剧性。父亲奥古斯特想要剥夺儿子小奥古斯特的行动自由，将其送到一家精神病医院。但这事没有成功。小奥古斯特离开了医院的囚禁房，将家事公之于众。柏林的绯闻报纸《柏林的罗兰》津津有味地对此作了报道。

从那以后，《柏林的罗兰》对蒂森家的纷争尖刻地进行了大肆炒作。弗里茨•蒂森高调地选择科隆女孩阿梅莉做自己的妻子，父亲奥古斯特却认为必须充分考虑这个家庭的遗传病史，并认为这个家庭与自己家庭的社会地位不般配，因此无论如何要阻止这场婚姻。但最终没有成功。该绯闻报纸还报道：父亲威胁儿子要剥夺其行动自由，并把他送到精神病院去。借助酒精和一位女佣的帮助，儿子弗里茨将被强行送往柏林。但是，他却逃到了母亲所在的布鲁塞尔。弗里茨在父亲的恐怖手段下仍然坚持恋爱，不过历时三年的恋爱都是秘密进行的。最后，父亲没能阻止这场婚姻。熟悉这个家庭的人认为，这是弗里茨唯一的一次违背父亲的意愿。而偏偏就是阿梅莉和弗里茨•蒂森的这场婚姻，成了他子女中唯一得以维持下来的婚姻，它经受住了逃亡、秘密警察抓捕、纳粹集中营以及盟军监禁的考验。

在19世纪的家庭观念中，丈夫和妻子被看作统一的两面，子女是他们的复制品。男人和父亲大多是“勇敢、果断、性急、固执、粗暴、保守”；女人和妻子大都“胆怯、随和、温顺、柔弱、善良、唠叨、机灵”。而子女们呢？为了追求幸福，每个人都在与生俱来的圈子里履行自己的义务。这里边有一些不成文的规则，就是教养良好的孩子在选择伴侣时不能忽视父母的判断和意愿。尽管奥古斯特和他的弟弟约瑟夫•蒂森作为企业家是进步开放的，但他们作为家长却极为保守。奥古斯特•蒂森一厢情愿地认为这样更符合一个完美的世界，可是，最后他却自食其言了。他“想建立一个自己拥有绝对权威的王国，希望他的儿孙们能够继承他的职位成为公司的领导，但他还没有准备好过早地放弃权力”。对这种棘手的父子不和问题，曼弗雷德•拉什一针见血地指出：蒂森的孩子们“并没有学到，他父亲是怎样作为一个年轻人自强不息地成长起来的。作为他的孩子，必须和员工一样共同在企业里工作”。上高中以后，儿子弗里茨开始懂得，自己作为一个公司员工，要像父亲一样拼命工作，就像其他学徒工一样。蒂森要求所有员工在面对上级时“工作上要绝对服从”，那是“无条件的服从”，不能有任何不同意见。直到1918年，蒂森才允许他的儿子们和侄子们更多地参与公司领导事务，那时候他已经76岁高龄了。当时，他四个挚爱的兄弟姐妹——两个姐妹和两个兄弟都已经去世了，他变得更加孤独，更加不喜欢与人接触了。不过，在20世纪的20年代，他已经完成了那个庞大工业帝国的规划，要建立一个巨大的联合企业，即那个联合钢铁股份公司。在这个钢铁托拉斯中，正如曼弗雷德•拉什对这位父亲那强大的意愿的巧妙转述那样，老蒂森要把儿子弗里茨限制在监事会主席的位置上，并没有冷落他。可是弗里茨几十年来一直准备着要接管公司了。

约瑟夫•蒂森的儿子朱利乌斯和汉斯也同样感受到了父辈的严厉。在管教孩子方面，约瑟夫•蒂森甚至比他的兄弟更严厉，以至于奥古斯特叔叔经常在父亲面前庇护他们。约瑟夫给他儿子费琉斯•朱利乌斯发的工资非常低，以至于奥古斯特叔叔要拿自己口袋里的钱对他给予补贴。尽管这么严厉，但这两个侄子却完全服从父亲和叔叔对他们的教诲和在公司经营方面的要求，那就是义务、纪律、节约、秩序、荣誉和责任。

小奥古斯特和海因里希与他们堂兄弟的行为却完全不一样。他们不想作为父亲的同事而受公司制度的约束，他们也不想过那种他们认为不合时宜的简朴生活。除了弗里茨外，蒂森的儿女们似乎都沉湎于那种从企业家圈子里萌发出的对贵族生活的痴迷。他们向父亲奥古斯特施压，要求他接受多次被授予的贵族身份。他们也希望借此将自己的社交活动攀升到皇宫里去。这惹得奥古斯特•蒂森大怒。而他为了得到一个适合他地位的住宅正准备做出妥协，那将是一座城堡。朗茨贝格城堡正好能满足他的计划，正如曼弗雷德•拉什分析的，“这符合他建立钢铁王国的想法”。

与奥古斯特•蒂森的想法不同，他弟弟约瑟夫和妻子克拉拉以及他们的子女都想同贵族家庭联姻。可事与愿违，两个儿子——朱利乌斯和汉斯的妻子都来自平民家庭，是富裕企业主的女儿。朱利乌斯与一个据称是教堂里邻座的姑娘结了婚，在天主教教堂里，她家声称紧挨着蒂森家座位旁的座位是他们家的。同奥古斯特相似，作为父亲的约瑟夫也反对他的儿子汉斯与帝国银行分行经理的女儿结婚。这对年轻的恋人从莱茵地区逃到了柏林，并在那里结了婚。他的兄弟朱利乌斯和妻子作为唯一的家庭成员出席了婚礼。这两个侄子属于公司领导层的成员，奥古斯特•蒂森在他自己制定的公司遗产分配方案中，在扣除给女儿赫德维希和儿子小奥古斯特每人15.5%以及儿子弗里茨和海因里希每人34.5%[1]的补偿金后，考虑了分给两个侄子朱利乌斯和汉斯的公司遗产份额。单单是蒂森公司的股份持有，在1928年到1929年间，两个侄子每人拥有的公司股份就价值三百万帝国马克，弗里茨拥有的公司股份

[1] 原文为37.5%，疑有误。

价值九百万帝国马克。后来汉斯因瘫痪不能行走，两个侄子都退出了公司决策层，将职责转交给弗里茨。汉斯死于1943年，朱利乌斯死于1946年。

再回到前面提到的家庭财产纠纷，这场纷争持续到了20世纪50年代，一直还在发酵。1906年，赫德维希和小奥古斯特邀请富豪胡果•施蒂纳斯前来调解父子间的金钱纠纷。小奥古斯特甚至提出将他的那一份财产卖给施蒂纳斯，但施蒂纳斯拒绝了。同年，小奥古斯特和赫德维希策划了一个方案，在这个方案中，他们可以绕过父亲的意愿，进而改变他们的财务状况。他们在一家荷兰银行借了钱，彼此为对方的贷款进行担保。这一对儿女没能借此稳定自己的财务状况，反而引起了新的激烈纷争。赫德维希，经常被人称为赫德，与他兄弟小奥古斯特的一个熟人冯•洛伊弗格•费迪南德伯爵结了婚，从而变成了贵族夫人。然而，这段婚姻失败了。1908年，她又通过与马克斯•冯•贝尔格的婚姻成了赫德维希•冯•贝尔格男爵夫人。海因里希也以同样的方式变成了贵族。1907年，在与一位匈牙利男爵小姐结婚以后，他的岳父收他为义子，因此他也获得了贵族身份，成了海因里希•冯•蒂森-博纳米萨男爵。可是，那个在与父亲的财产争执中起主要作用的小奥古斯特，竭尽了全力，却仍然没能成为贵族。“由于父亲的不理解（他认为），他在公司和家庭中都没有自己的地位。”他不安定地四处漂泊，周游欧美，于1943年6月神秘地去世。

曾几何时，一切都开始得如此完美。奥古斯特•蒂森，这位家族王国的缔造者，他来自一个有七个孩子的家庭。有报道说，这七个蒂森家的孩子之间彼此忠诚，兄弟姐妹间的情义牢不可破。后来，在钢铁先生的朗茨贝格城堡，总是能够看到有姐夫、妹夫及许多亲戚在场的家庭聚会。家庭的中心永远是奥古斯特•蒂森，兄弟姐妹们总在他的领导下共同处理经济事务。真正使他长期处于痛苦之中的是，曾经与他桌子挨桌子长期在一起工作的弟弟约瑟夫的去世。弟弟约瑟夫是奥古斯特•蒂森最亲密的同事，死于1915年。他是在尽职尽责中去世的。那天很晚的时候，当他在指挥一辆离开工厂的货车时，不幸发生了事故。当他去世时，已经是一位百万富翁了。“奥古斯特•蒂森绝不可能遇到比这更沉重的损失了”，一位传记作家这样评价。弟弟约瑟夫就这样走了，他是他每天谈话的伙伴，哥哥奥古斯特事无巨细都要讲给约瑟夫听。

神学家汉斯•奎恩相信，要了解一个人的性格，最重要的是了解其世界观是怎样形成的，他们呼吸的是哪一种宗教和教会的“空气”。矿山主人蒂森和他的子女们长期受天主教教会“空气”的熏陶，在莱茵河鲁尔地区传奇的职业生涯背后，是他那极其虔诚的天主教思想。而且，还是在那样一个工厂、矿山业主分属于不同教派的杂居地区——在那个经济空前繁荣的时代，差不多所有的资本家都是新教教徒。尽管蒂森是天主教徒，但“还是有一种传言，说他用天主教会的钱在工作”。直到100年后，法国人胡瑞特的报道才揭露出当时的传言不属实。“他很少参与德国（天主教）中央党的政治活动，尽管这个政党同其他政党一样，总把他算作自己人。之所以造成这种情况，是因为高层人士知道得很清楚，他在鲁尔区的布鲁克豪森、蒂斯拉肯、麦德利希和米尔海姆这些地方的煤矿和冶炼厂总共雇了2.5万多人。在1890年的时候，布鲁克豪森只有1万居民，而现在这个小镇有8万居民，或许已达到9万甚至10万人了。”这个法国人对这一巨大的成就赞叹不已。

其他上流社会的来访者们也被那一组组高炉发出的管风琴般的呼啸声，码头上繁忙的起重机发出的嗡嗡声，以及起吊和落吊的撞击声，永不休止的运煤火车与铁轨的撞击声，以及莱茵河上那一队队黑色和锈红色的运送矿石的船只吸引住了。他们也对奥古斯特•蒂森的工厂所成就的事业仰慕之极。1905年7月5日那天，就在鲁尔河进入莱茵河的入河口处，那视觉和听觉的盛宴触动了法国印象派作曲家莫利斯•拉威尔。这里陡峭的河岸给这位被称为“交响诗波莱罗”的作曲家留下了深刻印象。它与荷兰地域的惬意宁静以及莱茵河下游杨柳依依的景色形成了鲜明的对比，在之前的旅程中对所谓“德国”河流的印象早已被抛诸脑后。“宽广的河流从荒凉、平缓、没有特色的河岸之间流过，经过一天的满目泥泞之后，突然出现了一座有许多高耸的烟囱、大教堂，并喷发出火焰以及红色或蓝色烟花的城市，那就是哈姆博恩。那是一个巨大的铸造工场，每日每夜有2.4万人在那里工作……我怎样才能向您描绘我对这些环绕在我们周围的由流动金属构成的宫殿、炽热的大礼拜堂以及充满口哨声和可怕的铁锤敲击声的无比奇特的景象……这一切多么富有音乐感。我有急促的愿望，要充分地利用它们。”事实上，哈姆博恩在1890年时人口不足5千，而20年后，那里的人口达到了1.2万。

蒂森的档案管理人曼弗雷德•拉什评论道："如果没有父母和兄弟姐妹的财力支持，如果没有他弟弟约瑟夫（1844—1915）全力从事企业内部管理的工作支持，这种史无前例的企业扩张不可能完成。"奥古斯特•蒂森来自的那个家庭的情况，与他建立的那个家庭，也就是他自己招致生活上失败的那个家庭的情况完全不同。他建立的那个家庭从来没有消停过，不断产生的家庭问题是引起争吵的根源。

奥古斯特•蒂森于1842年5月17日出生，他是家里的第三个孩子，也是大儿子。他有六个兄弟姐妹，他们在亚琛附近的埃什维勒一个严格信奉天主教的企业主家庭长大。在母亲卡塔琳娜和父亲弗里德里希身边，他的生活相当幸福。父亲弗里德里希作为莱茵地区第一家金属线材厂的负责人，后来又成为一位私人银行家，他有着双重才能：商人的精明以及对技术的充分理解。这些后来都遗传给了儿子。作为成年人，当他和他的兄弟姐妹们在一起的时候，他对他（她）们都很吝啬，每件事要精打细算，但他们总是很团结，也经常一起聚会庆祝，彼此间相处得非常愉快。

例如，奥古斯特最小的妹妹特雷莎（1860—1920），她同弗里茨•赫瑟曼斯——一个威廉大帝时代追求享乐的花花公子结了婚。她的丈夫是荷兰的一个人造黄油和烈性烧酒制造商。在赫瑟曼斯家的花园里，一些树上安装有响铃，并附有一块牌子：按铃一次=香槟；按铃二次=啤酒；按铃三次=烈性烧酒。在那里，她与自己的兄弟姐妹和其他亲戚在一起聚会。在兄长奥古斯特家里，他们也经常聚会，主要是在他的朗茨贝格城堡。当他们在妹妹巴尔宾娜（1846—1935）家里聚会时，他们会在杜塞尔多夫城中散步。父亲去世后，母亲卡塔琳娜也住在那里。他们还会一起参观杜塞尔多夫市里的画廊，一起为他们的房子挑选绘画作品。然后，在悬挂这些作品时，他们共同欣赏，彼此心照不宣。这一切多么美好！这种树上装响铃的做法不太符合蒂森家的形象，勤俭节约和禁欲主义的生活方式才是父母所告诫的。奥古斯特在卡尔斯鲁尔上完大学后，在安特卫普他父亲的银行里工作了两年。

严谨、秩序、纪律和服从，这些信条后来奠定了他作为企业领导人的性格特质，其中只有部分来自他的父母。“显然，蒂森是在军队里当预备少尉时形成了这些性格特质。普鲁士军队里的命令和组织体系给他的企业提供了样板。”家庭成员斯特凡•温格勒这样写道。

就这样，在父母、家庭和普鲁士的影响下，年轻的奥古斯特在1867年成为了一名企业家。家庭对他确实有帮助。蒂森同四个比利时人在杜伊斯堡一起创办了生产铁条的工厂，其中一个股东就是他的妹夫——比利时人德希尔•彼希尔罗克斯，他妹妹巴尔宾娜的丈夫。蒂森投资了8 000塔勒（当时德国的银币）。当他1871年从这个公司退出，并在米尔海姆创建自己的蒂森股份有限公司时，他先投入了3.2万塔勒，这些钱是他从第一个公司里挣来的。他父亲也给他提供了相同金额的资金，而且不参与对公司的领导。一年以后，年轻的妻子赫德维希•蒂森可观的嫁妆作为资本也投入了这个年轻的公司。四年后，妹夫彼希尔罗克斯去世了。妹妹巴尔宾娜成了主要遗产继承人，并将从遗产中继承的所有资金投资给了她的哥哥。从那时起，巴尔宾娜就成了她兄长终生亲密无间的人。

在这种浓厚的家庭氛围下，蒂森的公司在不断发展扩张。1877年，父亲弗里德里希去世了。儿子奥古斯特继承了23万塔勒的遗产，妹妹巴尔宾娜和弟弟约瑟夫也继承了同样数目的遗产。这些钱用来干什么？都投入到哥哥的公司里去了。约瑟夫也成了企业主，巴尔宾娜仍然只是公司的债权人。1880年，约瑟夫与克拉拉•巴格尔结婚，得到了15万塔勒的嫁妆，据说这些钱大部分也投入到了公司里。奥古斯特和约瑟夫在公司里进行了分工，约瑟夫分管企业里的各职能部门，奥古斯特主管商务，在国内外拜访顾客。两兄弟都是企业的主人，没有其他人对公司承担责任了。很多其他家庭成员也信任他俩，将自己的钱作为借款投入到了公司里。奥古斯特和约瑟夫没有辜负这些投资，他们不断地让其增值，从没有因这些钱是“家里的养分”而疏忽过。特别是奥古斯特，因为责任，他甚至没能从大量繁重的工作中抽身去关注他的妻子和孩子们。

对此，他后来让两个孩子——女儿赫德维希和儿子小奥古斯特作为家庭遗产继承人得到补偿。他决定将公司遗产留给第一个和第三个出生的儿子：弗里茨和海因里希。他俩在以他们父亲姓氏命名的公司持有相同份额的股份。其中，弗里茨拥有钢铁企业和矿业公司的股份，海因里希拥有其它的部分，同样都是巨大的业务。然而，这样决定遗产分配，不仅仅遗留下将来争吵的理由，还导致两个儿子有了截然不同的人生阅历。汉斯•海因里希•蒂森-博纳米萨，这位奥古斯特的孙子，庞大企业王朝继承人海因里希的儿子，弗里茨的侄子，是这样看待这件事的："我父亲宁愿在一个较小的但却属于自己的池塘里钓鱼；而我的伯父想成为一个大池塘的大老板。"蒂森家孩子们的个性发展是如此的不同，简直有天壤之别。但在制造矛盾与闹剧方面，他们却都毫不逊色。至于家族企业的老缔造者奥古斯特和兄弟姐妹们之间的那种团结和齐心协力，在他的后代中根本无从谈起。但他的后代中有几个，特别是男性，成了特别引人注目的人物。

3. 朗茨贝格城堡、罗丹和收藏热情：家族传统

"蒂森先生个子很小，衣着简朴，常打黑色领带，胸前挂一条黄金表链，看上去健康强壮。他的鼻子差不多占据了整张脸，让人想到了那些皮尔庞特•摩根家族的人[1]。他的鼻子粗糙，颜色红得发紫。在上嘴唇边，长着一颗紫色的小痣瘤，它使嘴有点朝旁边扭曲。但那张嘴和整个头部都显露出一种非凡的智慧。那双小眼睛上方，眼睑深深低垂，睫毛下面的小眼睛里闪烁着深邃的智慧光芒与敏锐的洞察力。他的额头宽阔好看，与那些难看的部分组合在一起却如此富有表现力和吸引力，反而让人觉得舒服，讨人喜欢。……当他说话时，声音很小，慢吞吞的，但十分清晰，同时头有一点朝前倾……两手交叉在西服背心上……他的身体之健康让我赞叹不已。64岁高龄了，他还下到自己的矿井里，吃得比我还

[1] 约翰·皮尔庞特·摩根（John Pierpont Morgan Sr.，1837—1913），美国银行家。

多。他每天写信，不用保存信件副本，因为他可以依靠自己的记忆。他每天睡9个小时之久，而且中间不会醒，从不感到疲倦。他可以连续几个小时不知疲倦地讲话，他精神矍铄，精力是如此的充沛。”

法国作家朱勒斯•胡瑞特在巴黎《费加罗报》上这样形容的奥古斯特•蒂森，他是1900年前后两个最重要的工业家之一。后来，胡瑞特把这些撰写的报道整理出版为一套拥有众多读者的四卷本著作:《在德国》。在德国威斯特法伦州的莱茵地区，使他感兴趣的首先是克虏伯和蒂森。克虏伯不愿接受访谈，但蒂森的儿子弗里茨接受了。“他是一个非常和蔼可亲的人，30来岁，嘴唇上方留着短短的、修剪得很整齐的八撇胡——这是德国当时流行的样式……”弗里茨走路稍微躬着身子，摆动着修长且有点弯曲的手臂，带领这位好奇的法国人参观了工厂车间以及位于杜伊斯堡莱茵河畔的港口。更令他惊喜的是，弗里茨的父亲奥古斯特•蒂森邀请他第二天共进早餐。第二天，这位老人从“祝您用餐愉快”开始，与他进行了一场机敏幽默的谈话。这次交谈持续了两个小时，胡瑞特写道，他一直在专注地听着蒂森的故事。

近20年后，蒂森的影响力依然不减。在德意志帝国银行总裁赫亚玛尔•沙赫特的回忆录中，有一段对蒂森的豪宅朗茨贝格城堡的描写:“尽管奥古斯特•蒂森在人际交往中试图给人以最谦虚朴素的印象，但他也知道怎样展示他王公贵族风格的另一面。城堡里数目众多而且十分宽敞的房间里悬挂着一流画家的油画，罗丹的一系列雕塑作品装饰着大厅。修剪整齐的园林围绕着这座城堡。园林中，一群孔雀趾高气扬地走来走去，它们的尖叫声很早就把我们从睡梦中唤醒。豪华餐桌、仆人、高档餐具，所有这一切都刻画出他是一个真正的大庄园主。”关于他“给人很谦虚的印象”这一点，其他人也有描述：“他对穿着和外观都不上心，不修边幅，粗枝大叶。”传记作家卡尔·弗里德里希·鲍曼的描述更为准确，“他的外表反映出他的内心：节约、保守。他永远踏实可靠，穿着上是老法兰克的风格。最喜欢的西装颜色是黑色，最喜欢的衣服样式是长礼服，特别是在老年时期。他的衬衣都是专门缝制的，因为他不想放弃旧式的立翻领和‘硬袖口’”。沙赫特将83岁高龄的蒂森描绘成一个声音洪亮、健步如飞、动作敏捷，甚至有一点匆忙的男人。他个子小，留着白色的山羊胡和八撇胡……“从远处看，有点像年老的列宁”。

不管是19世纪的法国作家胡瑞特，还是后来的德国人赫亚玛尔·沙赫特，他们都用短小的篇幅讲述了许多关于奥古斯特·蒂森的事迹，这位当时最大的矿业集团的创始人和联合经营的先驱。事实上，蒂森同革命者列宁一样，有着惊人的组织才能。他完全可以与具有大胆创业精神的美国金融家和企业家皮尔庞特·摩根相提并论。有一句德国谚语说：人在一生中总会两次偶遇。时隔两代之后，摩根这个名字再次出现在孙子汉斯·海因里希·蒂森-博纳米萨的生活中，他收藏的弗洛伦萨画派中最精美的妇女肖像之一曾经属于摩根的收藏。虽然胡瑞特关于莱茵河鲁尔区的报道内容并不算丰富，但在他报道的开头，关于对当时新兴鲁尔工业区的经济繁荣起决定作用的两位经济巨头的分析十分贴切。蒂森和克虏伯的名字在1900年前后同样响亮，但是“克虏伯公司已经处于第五代了，而蒂森却还在孤独地为事业而奋斗，而且永远是孤独地在奋斗。他的财富和他的影响力没能传承下来”。胡瑞特对蒂森的职业生涯描述得很客观。而蒂森家里的那帮人和他们的后代却有着远比家族奠基人更丰富多面的人生。

奥古斯特•蒂森的资本家生活始于富裕的市民阶层，差不多是舒适平静的。他出生在前工业时代，当时，制造单一完成品的手工业生产方式，正在必然地转变为分工制造、批量生产零部件的工业化生产方式。这一时期，工业化工厂生产的先决条件在剧烈变革的环境下形成。这个小个子奥古斯特属金牛座，这将在他后来的性格特质中体现出来。他为人可靠，一诺千金。尤其是当别人犹豫不决时，他却能够当机立断，不人云亦云。20世纪初，儿子弗里茨这样赞扬他父亲的性格特质：“我父亲有经商的才能，他拥有异常敏锐的理解力和惊人的决断能力。例如，25年前有一段时间煤矿不盈利，没有分红。那些大资本家们都对这些矿井漠不关心，而我父亲则利用煤矿业这种多年的萧条，购买了大量的煤矿开采权，从而使自己的企业不受他人牵制。他完全达到了自己的目的。”

奥古斯特•蒂森是“诞生于19世纪50年代的一代创业奇才。那时候，对地下资源的开发激发了他的创业精神”。作家埃里克•瑞格尔这样开始了对蒂森的描述。瑞格尔在20世纪20年代曾担任钢铁巨人克虏伯的新闻顾问，1945年后，成了柏林《每日镜报》的出版商和总编。他知道许多关于那个时代大人物内部圈子里的事情。他在1931年获得克莱斯特文学奖的小说《牢固的联盟》中对真实的蒂森描述如下：他来自“一个以前虽然不那么贫穷，但后来也不十分富裕的家庭。……他属于那种正在被淘汰的，主要靠技术创新而成功的工业家类型。除为获得原始资本外，这类工业家从不借钱。他只按照收益的一定比例进行企业扩张。他的那些巨大冶炼厂设备……高炉……轧钢设备，以及大跨度行吊、钢结构车间等等，当时是最大和最先进的。他是一个家长，一位神话般的伟大人物。……传说奥古斯特的幸福与财富始于收集生锈的铁钉，这个故事是否真实暂且放在一边，不管是真是假，这个故事是这个男人的象征，他善于从那些对别人来说是用过的或者无用的东西中获取自己的利益。那么这个故事也许应该这样来写：亿万富翁奥古斯特•蒂森将两芬尼的硬币磨得发光，将它们作为小费给鲁尔区附近一个小火车站的主管及其助手们，以便用硬币的金色光辉去迷惑他们。甚至连蒂森企业的董事们也暗中拿奥古斯特、约瑟夫和巴尔宾娜的节约怪癖寻开心”。

他似乎想与克虏伯不差毫发，在老年时也寻到了一座庄园城堡，这时他已经63岁了。像克虏伯在埃森附近有一座山庄别墅一样，他也想显摆一下新鲜的空气和大自然！一位传记作家认为，蒂森已经没有必要“同他在埃森的邻居（克虏伯）进行社交方面的竞争了”。自然、宁静可能才是他最需要的。事实上，阿尔弗雷德•克虏伯和奥古斯特•蒂森这两位巨人，都搬到鲁尔河畔去了。他们希望，在达到权力顶峰之后，在鲁尔高地一座富丽堂皇的建筑中找到他们晚年和自己后代的幸福。鲁尔高地因为有赫尔曼•冯•普克勒-穆斯考大公设计的园林（普克勒-穆斯考公园）而大受人们的追捧。但他俩都失望了。

阿尔弗雷德•克虏伯对拥有另一幢住宅的梦想十分强烈。他甚至打算建造一座像北欧神话中奥丁神接待战死者英灵的殿堂那样的纪念性建筑。那是介于科隆大教堂和柏林凯旋柱之间的一种混合风格建筑，他要把它建在宁静且空气清新的鲁尔高地，作为他自己和后代的生活之地，甚至作为“延年益寿的工具”。结果事与愿违。坐落在山岗上的别墅，由冷峻的钢结构和拒人于门外的砖墙结构组成，别墅里穿堂风大得可怕，风咆哮着穿过通风走廊，使别墅里十分寒冷。以至于后代晚辈们必须穿着裘皮大衣才能坐在写字台前。即便弗里德里希的儿子阿尔弗雷德后来在父亲的屋里装上木板和壁毯也改变不了什么。1945年以后，克虏伯的家人逃离了他们寒冷的华美宫殿，搬进了现代化的别墅。

同样，蒂森在鲁尔高地，朗茨贝格城堡也没有让他感受到幸福。当第一次有了要放弃鲁尔河畔米尔海姆青蛙池旁的住宅的想法时，他已经60岁了。1903年4月，他成了朗茨贝格城堡的主人。次年8月，他搬进了城堡，是一个人搬进去的。在这个豪宅里，只有一个仆人和一个马车夫陪伴着他。家里其他人呢？他和妻子不还是儿女子孙的父母、祖父母吗？没有其他人，就这位富翁独自一人。还有尖叫的孔雀、油画、雕像、黄金水龙头，它们伴随着他孤零零地待在山岗上的城堡里。

蒂森渴望一座宽敞、富丽堂皇的豪宅，能够从高处俯瞰鲁尔河。“朗茨贝格是唯一从米尔海姆只能乘车到达的庄园，它周围有大片的森林和湖泊。对我来说，这是在山里建造一座宫殿般的豪宅最理想的地方。”蒂森也像克虏伯一样谈论健康，甚至将这座庄园说成是“康复疗养地”。涉及所有关于这块地产的问题时，他往往这样向他朋友描述：一座辉煌壮丽的巨大城堡。这怎样和连临时工人都熟悉的这位资本家的简朴联系在一起啊？“奥古斯特•蒂森没有那种利用经济实力来建立社交威望的虚荣心”，传记作家霍尔斯特•阿•威瑟尔斯评论道，“令他妻子和子女感到遗憾的是，除了这座年老时才拥有的壮观豪宅，他对身份地位漠不关心。他拒绝了贵族身份，因为他不喜欢参与宫廷社交，因为这些交往会过多占用他本来就稀缺的时间。”为什么一个讨厌一切奢侈的人偏偏需要一座城堡呢？而且是一座过去的强盗骑士城堡。“这只是一个应酬方面的体面问题”，传记作家鲍曼这样评论蒂森对宫殿豪宅的欲望。“克虏伯住在山庄别墅，施蒂纳斯在米尔海姆有一座巨大豪宅，同样在米尔海姆，他的竞争对手艾米尔•克尔多夫也拥有一座‘施特莱特豪夫’[1]。所以，他除了按其他企业家制定的游戏规则跟风以外，别无选择。他自己只有两间简朴的房间用来居住。其它的大房间都用来宴请和接待客人。”

1926年3月26日，他在遗嘱中写下的最后遗愿也没能实现。“我的愿望是，朗茨贝格城堡以及周围附属的130公顷的土地以基金会的形式永远留给我的家族。此外，我还希望我的子孙们能够尽可能多地住在这座城堡里。”虽然奥

[1] Streithof，巴登-符滕堡州的一个美丽城市。这里形容艾米尔·克尔多夫拥有像一座城市一样的豪宅。

古斯特去世后，儿子们将朗茨贝格庄园地产纳入了一个基金会。但是，与克虏伯一样，希望家族的后代舒舒服服地在别墅居住的愿望也落空了。蒂森的后代也没有在朗茨贝格城堡居住，取而代之的是蒂森企业的员工。自1933年以来，老奥古斯特的梦想家园，变成了蒂森股份公司举行研讨和召开会议的场所。他们对这里的一些房屋进行了修缮和部分改建。

20世纪20年代，在通货膨胀泛滥的困境中蒂森又以另一种方式模仿克虏伯。在埃森附近居住的大炮之王克虏伯，很早的时候就在他的山庄别墅周围开垦了一片土地，使那里变成了可种植蔬菜鲜花的园子。可以说，这一片园子基本可以自给自足地向克虏伯公司所有钢铁工人和矿山工人供应新鲜蔬菜和鲜花。奥古斯特•蒂森与克虏伯相比，只能算是一个吝啬的园艺工和森林管理员。在通货膨胀时代，他通过大量砍伐周围森林的木材，并在城堡四周种植鲜花和蔬菜来应付货币贬值产生的不利影响。而这些鲜花和蔬菜却不是用来供给城堡，满足自己的需要。蒂森让人将蔬菜和鲜花投放到周边乃至远到杜塞尔多夫的市场，并把木材卖掉。

在修缮和重建过程中，奥古斯特•蒂森的私人房间是按他在世时候的样子处理的。新闻记者乌利希•亨茨有幸在装修改造前参观了这座府邸。他看到了装有黄金水龙头的青年新艺术风格华丽浴缸，那个华丽的浴缸后来被围了起来，参观的人们只能在围栏外边经过时看上一眼。老人曾在温水里舒展身体的旧浴缸，摆放在旁边紧挨着的一个房间里。那个装有黄金水龙头的大理石豪华浴缸曾在巴黎世界博览会展出过，是蒂森从博览会上购得并让人安装到自己的别墅中的，只是用来展示和提供给特殊客人使用，他自己却从来没有享用过。亨茨记者还在房屋整修前进入过蒂森的卧室。蒂森去世后这间卧室一直锁着，那张有顶罩的大床四周的地毯还没有翻新。“大床四周的地毯上有明显的踩踏痕迹，”亨茨谈道，“好像这位老人经常在床的四周走动。”

据说，朗茨贝格城堡是一位第五代的伯爵阿道夫•冯•贝尔格在1276到1289年间让人修建的。有其它的消息来源说，这座城堡最早要追溯到7世纪。关于那个时代城堡主人的姓氏又要追溯到一个叫兰多的封建领主，是他在山岗上修建了一座作为防御工事的城堡。也有其他的历史学家说，这座城堡原来属于一个强盗骑士。奥古斯特•蒂森委托了几位顶尖的建筑师按照自己的喜好对城堡进行了改造。他知道当时人们喜欢什么。例如，他为城堡的内装修选择的公司，在远洋轮船客舱装修方面享有盛誉。由此，蒂森也进入了最好的社交圈子：这家轮船客舱装饰公司有另外两个非常有名望的顾客，那就是克虏伯和施蒂纳斯。但是，城堡改建的预算很有节制，就像蒂森一贯的那样。他还让人在豪华的家具上小心翼翼地装上了保护套。现在，他站在那里了：小个子，非常富有，留着山羊胡子，西服背心的纽扣上别着金链，站在自己城堡的拱门下，两手交叉着紧贴在后背，用那炯炯有神的眼睛机灵地看着照相机。一个孤独的男人？也许吧。但肯定是一个骄傲的老年绅士。

这就是同时代人关于蒂森城堡的报道，当然不仅仅是对城堡建筑的描绘，他们也谈到了许多关于城堡主人的事。这位主人知道怎样“像王公贵族般地展示和应酬”。当蒂森邀请儿子海因里希参加一个大型的社交聚会时，他会提醒儿子“着装要讲究一些”。当几位董事要和一位公爵共进晚餐时，他会亲自发出书面要求：男士们应该穿正式长晚礼服出席。

朗茨贝格城堡给法国作家朱勒斯•胡瑞特留下了深刻印象。“森林和草地覆盖着这里的山坡，其间还有小溪流过，这景色犹如一个小小的寂静的瑞士乡村。然而，距离这里几公里外，就是那令人畏惧的区域：坐落在令人窒息的浓烟里的埃森，有许多钢铁厂的米尔海姆，以及有无数满载钢铁和煤炭的船只的杜伊斯堡和鲁尔工业区。我们从一座木桥驶过鲁尔河（这条河流将成为运载成千上万吨煤炭的航道），越过布满雏菊和蒲公英的绿色河岸，一条弯弯曲曲的小路通向山岗上的城堡，它高高地耸立在整个峡谷之上。”

胡瑞特还对那些自命不凡的鸟禽保留着记忆。“高大的树下，白色孔雀一边展翅开屏，一边在放置于树下的镜子前打量自己。在一个可以俯瞰森林和远处鲁尔河谷的露台上，有十四五个人在闲聊，他们是德国工业界的精英。我已经想不起这些冶炼厂厂主、电气公司的董事以及工程师和银行家们的名字了。一开始，他们的服饰就令我吃惊：我们身处乡下，正值春季，但先生们都穿着黑色长晚礼服，女士清一色晚宴礼服，绿色的双绉丝绸配上白色和金色的刺绣，或者黑色的蕾丝绢网，还有用闪亮金箔刺绣的连衣裙，等等。城堡主人的儿媳妇是一位美丽的金发姑娘，穿一件石榴色的雅致公主裙，衣服的做工无可挑剔。在她的胸前、两耳、手指和颈上，挂满了闪闪发亮的珠宝。”来自法国的胡瑞特先生看到这些惊叹不已。

这位法国作家真走运，他参加了朗茨贝格城堡中的一次庆典。“人们在庆祝一位年轻的骑兵军官和一位可爱的、来自上层家庭的年轻姑娘订婚。镶有精美木板的大厅里摆好了可供25人就餐的橡木长餐桌。从城堡大厅的窗户望出去，可以看到庭院和繁茂的树林，古老的橱柜和满是精美雕刻的黑檀木柜子上摆放着古老的瓷器。早餐比较简单，只有鱼子酱、黄油面包、浓汤、莱茵熏鲑鱼、火腿芦笋、烤肉配沙拉、蜜饯和菠萝冰淇淋。”

奥古斯特•蒂森自己对饮食没有太多要求。据报道，早上7点，他开始用简单的早餐（他偏爱简单的便餐）；晚上，他的晚餐是一份奶汤和黄油面包。更难以置信的是，传说他有一杯水就足够了。在朗茨贝格城堡和董事们用餐后，他会说一些恭维的话，然后喜欢去小睡一个钟头。那些董事们会找到另一处客厅，在那里他们还可以喝上一杯醇美的葡萄酒。在一次关于新煤田开发的会议上，蒂森询问要开采的煤矿的储量是否足够。

“没人知道，那是您的风险。”

“要花多少钱？”

“差不多五百万。”

蒂森从小公文包里拿出一个黄油面包，谢绝了送上的咖啡，请人递上一杯水，他咬一口面包，喝了一口水，然后说：“我接受那个数目。”

在工厂里，他事无巨细都要过问。但在朗茨贝格城堡，设宴方面的所有事情他都让管家和仆人们去打理，差不多是所有的事。只是招待上流社会的宴会菜谱要先给他看，他会根据来客的职位和身份做一些调整。例如，他70岁生日时，招待经理们与招待董事们的宴会菜单就有很大的不同。这位老人晚上睡得很早，如果客人们还在的话，他会邀请他们继续随意地欢度夜晚的时光。但他的竞争对手古斯塔夫•克虏伯•冯•波伦•哈尔巴赫却与众不同，接近10点钟的时候，他会离场。一位仆人会提前15分钟悄悄地对这些来自克虏伯山庄别墅的客人们说，马车已备好停在屋前了。蒂森喜欢社交，但主要是和其他人交往。在星期天和节假日，城堡里都是家人和亲戚。出于商业目的，这里也举办许多社交聚会。作为城堡和社交聚会的主人，蒂森从不抽烟，与客人聚会时，一杯白葡萄酒就够了。当杜伊斯堡啤酒酿造商科尼希（其祖先是冯•科尼希•皮尔仁纳）到来的时候，他常常会让人留住他的马车，以便和他多聊一些关于土地和当地人的事情。他想听到关于地主和佃户之间的关系方面的信息。这方面的知识以后在为冶炼厂购买土地时会大有用处。当然，科尼希也邀请钢铁先生去喝啤酒，但蒂森只喝一杯有酸味的葡萄酒。

观察家胡瑞特在朗茨贝格城堡享用精美的餐饮后，他仔细打量了改建后的房间和走廊。他在描述他的印象时，带有很多环境氛围方面的细节。“咖啡被送到配有大理石墙壁和地板的室内花园里的一张桌子上。我在这里看到两尊罗丹的雕像：一尊是纯洁的处女，她在低声述说着古代埃及掌管生育和繁殖的女神伊希斯的秘密；另一尊是智慧女神雅典娜，她绝望地倒在希腊古城的废墟上。看得出来，蒂森先生对这两尊美妙绝伦的大理石雕像十分喜爱。”蒂森一般来说没有时间涉足戏剧、体育、文学和艺术，对时尚装饰和奢侈品也一无所知。然而，他却让自己如此地奢侈——拥有他那个时代最有名的雕塑家的雕塑作品。他十分渴望得到罗丹的大理石雕塑作品。一位当时的见证人报道：每逢聚会，他总是“在宴会之后欣赏罗丹的作品”。在面对罗丹的艺术作品（实际上，也可以说是在面对这位雕塑大师本人）时，这位莱茵-鲁尔地区的资本家显然变成了另外一个人。蒂森的法语讲得很好，经常在巴黎从事商务活动，胡果•施蒂纳斯和经济上的竞争对手克尔多夫常常陪同他一起。而蒂森只要一有机会就会去探访罗丹。关于其中的一次会面有这样的描述：“他小心翼翼地踏入罗丹的工作室，在那里，罗丹在一只蜡烛的烛光下雕凿他的一件大理石雕塑作品，不想被人打搅。蒂森就一直在那里等了很长时间，直到罗丹偶然地转过身子来，才和他打招呼。”

即使这位铁矿资本家与大理石雕塑大师是第一次会面，也展示了一个与平时不同的蒂森。不知是不是伟大的德国诗人赖纳•马利亚•里尔克的诗句点燃了蒂森对这位法国伟大雕塑家的热情。蒂森的传记作家是这样认为的，里尔克在谈到罗丹的时候这样说：“‘工作顺利吗（用法语提问）？’这是他向他喜欢的每一个人都会问的话。当回答‘是’的时候，那就没有什么需要继续问的了，这时候大家都感到心安：工作之人，即是快乐之人。”蒂森也有类似的生活观。

收藏其它看似昂贵的艺术品时，业余地购买也可能成功。但要得到奥古斯特•罗丹的大理石雕像，那一定需要真正的艺术爱好者的热切渴望才行。有一个来访的客人，竟然向奥古斯特•蒂森提出质疑，说罗丹卖出的绝大部分作品都只是复制品。蒂森却以商人的口吻回答：可它们仍然很值钱。在罗丹那里，蒂森变成了另外一个人。1905年，蒂森向罗丹订购了三件雕塑作品，1908年又订购了四件。这位煤炭、钢铁与货币大师把所有尊敬、赞美之词都献给了这位雕塑大师。关于他在观赏《基督与玛德莱娜》时的感受，他这样向罗丹写道："我被这个杰出的作品深深地感动了，我为拥有这件作品而感到非常骄傲。雕像中的一组人物给我留下了深刻的印象，在他们当中，我总是不断发现新的美。雕像中人物的神情令人心动而又恰到好处，在我看来这是唯美的巅峰之作。"在其它文字资料中，记载了这位收藏者渴求艺术品时的焦灼情绪。在罗丹完成蒂森订购的雕塑作品的过程中，蒂森感觉等待的时间太久。"我请求您给我写几行字，告诉我这两尊大理石塑像什么时候能够完成。请告诉我还有多久！我希望在有生之年能有更多的时间观赏和享有它们。我请求您尽可能快地完成它们，因为我已经68岁了。"一年后，蒂森向雕塑家坦承："我非常难过，我不能没有它们（那两件雕像），而且我的朋友们天天都在问，什么时候能够看到它们。"

一些素描草图和小尺寸的雕像模型放在那七尊罗丹创作的雕像前，那是应蒂森的委托而完成的前期作品。它们后来都成了蒂森-博纳米萨艺术品收藏的最重要的基础藏品。蒂森-博纳米萨是世界上最大的两个艺术品收藏家之一，另一位是英国女王。这些为完成雕像而作准备的前期试作也很昂贵。罗丹大师不那么好说话，从来不谈含有约束力的工作期限问题。如果实在需要，也只会让秘书写信回答。而且，经常会对谈好的雕刻工期食言。正如经常在罗丹作品爱好者那里发生的一样，蒂森与罗丹的关系偶尔也会出现紧张，特别是罗丹要求对几尊雕像委托要预付现金的时候。此外，蒂森还幻想着让罗丹为他雕刻一尊塑像。他问价格，问什么时候能够完成自己的胸像雕刻，还问他在巴黎这儿、在这位艺术家面前作为模特儿要坐多长时间。虽然罗丹支支吾吾地回绝了这个请求，说他正在进行棘手的工作以及人物雕像特别贵等等，可是，这位罗丹爱好者在一年以后又一次提出为他雕一尊塑像这个愿望。但最后这事还是不了了之。

奥古斯特•蒂森自认为是罗丹艺术品收藏者。蒂森的传记作家卡尔•弗里德里希•鲍曼对此确信无疑。当他在订购第一批雕像时，就要求有德语和法语说明，而且要签上罗丹的名字。蒂森要把它们展示给“朗茨贝格城堡的朋友和客人们看”。他曾两次请求获得这位艺术家的签名。同时，他还要求每一件购买的作品只能有一件由雕刻家亲手完成的复制品。“我得确信，我在您这里得到的是真正美妙的艺术作品。作为回报，我向您付了很高的报酬。您的艺术品将在我的朗茨贝格城堡向一些精心挑选出来的小社交圈子里的人展示，这些人虽然知道您的名字，却并不熟悉您的艺术成就。”

直到这位资本家和这位艺术家之间的关系结束为止，一共产生了七件雕塑作品。其中五件摆在朗茨贝格城堡的室内花园里，另外两件被蒂森送给了他的儿子——年轻的弗里茨•蒂森，放在其位于鲁尔河畔的米尔海姆市的别墅里，以便他能够在那里作为奥古斯特•蒂森冶炼厂的领导人展开社交活动。其中一件作品叫《普赛克》（Psyché，希腊、罗马神话中一个国王的小公主，外表和心灵美丽无比），现在下落不明；另一件后来也放置在朗茨贝格城堡的室内花园里。第二次世界大战后，汉斯•海因里希•蒂森-博纳米萨把继承和发扬他父亲的艺术品收藏作为自己的终生使命。从1957年开始，他又将这一私人的艺术品收藏行为逐渐变为更大规模的艺术品收藏事业，并且购得了五件罗丹的雕塑作品。作品《基督与玛德莱娜》原先是放在朗茨贝格城堡，应该是被放在家族墓地。今天看来，“由于场地的原因”，这大概不可能了。蒂森-博纳米萨是对的，他也购买了这尊罗丹的雕像作为他自己的收藏品。

剩下的只是一些“杜塞尔多夫画家们各种最烂的绘画了”。那个时代的见证人朱勒斯•胡瑞特说：“当人们看到这些令人生厌的东西，可能会失声尖叫。”真的这么差吗，胡瑞特先生？无论如何还有三幅瑞特•冯•伦巴赫（Ritter von Lenbach，德国著名肖像画家，1836—1904）的画，不过是俾斯麦和皇帝的肖像画。另外还有一些出自伦巴赫画室的画。那位法国作家在参观这座城堡时所看到过的许多绘画，在城堡进行全面修缮之后还保留了下来。“一个路易十六风格的小客厅里摆放着描金家具，给我留下了冷冰冰的、缺少人气的印象。我们还走上城堡最高的一层，这里有城堡主人挂着黄色天鹅绒的工作室和休息室。一个大书桌上摆满了文件，墙上挂了许多肖像画，有俾斯麦的——他在德国威斯特法伦地区是人们的偶像，有赫尔穆特•卡尔•伯恩哈德•冯•毛奇伯爵（普鲁士军队总司令）的，还有老年的威廉皇帝肖像画……在卧室里，我注意到一张带白色花边的法国布列塔尼风格的床，另外还有一间别致的帝国风格的小屋。浴室里有一个很大的用华丽大理石建成的水池。紧挨着是一排客房，在长长的走廊尽头有一个小教堂。……终于，我们来到了室外的园林，这座园林有几百公顷大，完全被森林环绕着。蒂森先生在与冶炼厂厂主施蒂纳斯谈话。这两位先生雄心勃勃，怀揣着要满足整个地区供电需求的宏伟目标——那可是十万匹马力的电力，一起在埃森创建了一座新型电力公司。'施蒂纳斯先生是我所认识的最能干的企业家'，蒂森先生这样评价道。从他的嘴里说出这样的话，那意味着无与伦比的赞扬。"

尽管他俩年龄上有20岁的差距，但蒂森和施蒂纳斯在性格气质方面有两点很相似。其中令人惊奇的一点是，蒂森和施蒂纳斯都将所有的事情记在脑子里，在自己管理工厂时都只依靠惊人的记忆。另外一点则是两人都渴望权力，在管理公司时，像一个国王在统治他的帝国。其他人必须进行长时间磋商，而他俩仅通过合作交易就比别人更早地认识到了利弊。空间上，他们彼此靠得很近，两人都生活在鲁尔河畔的米尔海姆市，这非常有利于合作。两人都行走于所谓最高层的上流社交圈子。人们向他们献媚，甚至让他俩走在皇帝和总统前面。但他们仍然是忠于地方的米尔海姆市民。尽管他俩的工厂规模和经济成果是如此之大，但他们所采取的方法还是与小商贩类似，像成功的杂货铺老板。施蒂纳斯是个数字天才，他能够保证，将所有的套利买卖、大宗交易、公司并购、公司转让、银行贷款以及担保事务都装在他的脑子里，并随时从记忆中提取。而如果做记录的话，则可能暴露商业机密。施蒂纳斯去世的时候，他的企业王国在别人的领导下开始走下坡路，这说明他的儿子没能继承他的记忆。施蒂纳斯和蒂森害怕人们洞悉他们的商业技巧。关于这一点，教授威登费尔德博士给出了证据。是他将蒂森的问题提到了工业史的高度，并对蒂森联合公司的组织规划提出了质疑。而蒂森对此则拒不作答。这位研究者展示了他从公开报道中收集到的关于蒂森的材料。蒂森想知道材料的来源，结果得知那是1915年奥古斯特•蒂森的弟弟约瑟夫•蒂森去世后发表在《科尼什报》上的讣告。蒂森感到十分惊愕！连死亡讣告都可能泄密，人们肯定也会因为死亡讣告而对自己的生存感到担忧了。根据他的指示，家族成员的讣告内容仅限于官方要求的基本生命数据，包括他自己的讣告，也要尽可能减少“泄露”公司信息。

蒂森总是亲手撰写商务信件，因为他基本上只相信他自己。这种想法在他弟弟去世后变得更为强烈了。打字机打出的信件虽然有他签名，但不是他写的，而是公司里的人写的，这一点蒂森研究者们一致认可。大多数信件他都是在早餐前用非花体字写在小纸片上，不得已时也写在纸片边缘。很吝啬吧？但蒂森更愿意称之为节约。为什么写下来保存呢？那要花时间。因此，除了那些冗长的资本家自白外，蒂森并没有留下其他关于自己的书面材料。另外，对于这一点，历史学家卢茨•哈茨菲尔德认为，蒂森既没有因为一生的成就将自己视为历史伟人，也没有要掌握政治权力的欲望。档案管理人荷尔斯特•威瑟尔猜测：“很少的一些资料，也许是当时唯一留下来的资料，在他死后整理办公室的时候丢失了。”1926年，当蒂森公司转化为联合钢铁公司的时候，据说蒂森办公室的档案文件都被当作垃圾处理掉了，只有一小部分保留了下来，因为有年轻的学者偷偷把文件藏在大衣里带了出来。这是事实：弟弟约瑟夫的全部资料在他1915年去世后都被当作废纸清除了。

第二部分
奥古斯特·蒂森的儿子
（弗里茨·蒂森，1873—1951）

4. 信任、迫害：纳粹和第二次世界大战

“我支持过希特勒。”这是这是弗里茨·蒂森在1948年由二战战胜国在位于陶努斯的科尼希施泰因主导的肃清纳粹分子的审判中所承认的。但是！在读这一供词的时候肯定要多次遇到“但是”。蒂森是纳粹分子，这是事实；蒂森是激进的反纳粹分子，这也是事实。他在一份写给孙子们的生活记录中解释道：“希特勒向我保证要和英国结盟，和波兰结盟，要和教皇签订新条约，恢复霍亨索伦王朝的统治，重建等级制国家，以维护和平。”他认为希特勒可以信任。而希特勒却威胁道：“我绝不受蒂森这样的

工业界巨头所愚弄。”当蒂森的信任遭到背叛时，或者如他所说，当德意志人民的信任遭到背叛时，他大失所望。因此，他谴责了希特勒。蒂森曾经相信并且希望，纳粹党会带来一种新的、更加公平的经济与社会制度，他把这一制度看作“重建德国的一个重要因素”。作为德国最有影响力的重工业企业家、德国钢铁第一人、联合钢铁股份公司监事会主席，当他认清纳粹分子在思想与行动上的罪恶后，便拒绝与之同流合污。他退出了纳粹党，之后遭到纳粹党的驱逐，成了纳粹的反对者。他是唯一一位公开反对希特勒战争意图的工业家，也是唯一一位不从希特勒的战争中获取利润的工业家。他的人生确实很矛盾。由于被灌输了过度的民族意识和莱茵地区的本土情怀，他轻信了那些假大空的政治口号。正如一位历史学家对他的描述：他“大公无私，任劳任怨，忠心不二，而且易受鼓动”。在那个纳粹统治的时代，许多人都丧失了自己的立场，而他最终的行动还是听从了他的良心和责任意识。弗里茨·蒂森的一生饱受精神创伤，有着非常德国式的命运，这却很少有人知道。

弗里茨·蒂森，奥古斯特·蒂森的长子，这位工业家一生有六次站在公众的聚光灯下。其中两次都涉及颇具戏剧化的法庭审判。1923年，他反对法国占领鲁尔区，因此被军事法庭判罪。在1926年他父亲去世后，德国重要的钢铁企业合并为“联合钢铁股份公司”，他作为监事会主席站到了风口浪尖上。第三次受到公众关注是1932年初，蒂森作为德国最有影响力的工业家在杜塞尔多夫工业俱乐部向希特勒献媚，借此引发公众对他所在的政党，即纳粹党的关注。几年后，他的名字成为许多西方媒体报道的醒目标题：德国最有影响力的资本家宣布与希特勒决裂并开始流亡国外。他对纳粹官员发出的指控信在国外发表。在国外，他的名字还出现在一本书上：《我资助过希特勒》。这本书出版时，他正被希特勒囚禁在一所精神病院，直到战后公众才知道这些情况。

1948年，当他在肃清纳粹分子的审判过程中被指控为主要罪犯站在法官们面前时，第二次成为法庭审判的焦点。但审判只对他“罪行较轻的污点”问罪，因为他头上还有“反抗者”的光环。他被判以无罪，获得了自由，却无比颓丧地离开了法庭。后来，他的名字又一次引人瞩目，但那已是在他去世八年之后。他的妻子和女儿建立了一个促进科学研究的基金会，那是德意志联邦共和国最大的、以他的名义募集资本的私人基金会：弗里茨•蒂森基金会。引起轰动的是，当时的联邦德国总理康纳德•阿登纳博士负责对这个基金会进行监管。

弗里茨•蒂森，家族的悲剧人物，政治上的痴心妄想最终成为噩梦。可以肯定，这位钢铁巨人曾经对希特勒的纳粹党很慷慨。其中之一，是他通过“个人债务承担”的方式资助了纳粹党在慕尼黑的“褐色房子”（纳粹中央党部所在地），就像他支持帝国元帅赫尔曼•戈林这个“很能在人面前装模作样”的自大狂一样。戈林曾想化名迈耶，在二战中驾驶敌机飞过德国边境，轰炸机到达后进行狂轰滥炸，它们也会炸毁许多蒂森的工厂。但戈林没有用过其它的名字。这位帝国元帅也是个蛮横的纳粹经济领袖。当他在纽伦堡审判中作为战争罪犯被判处死刑时，挺着肥胖的大肚子，自命不凡地穿着挂满勋章的奇幻制服，用一颗毒药丸结束了自己的生命。

弗里茨·蒂森曾经是戈林的好朋友，包括他的妻子阿梅莉、妹妹赫德维希·冯·贝尔格-蒂森男爵夫人，都曾经是戈林的好朋友。蒂森的女儿阿妮塔曾经在戈林的办公室做秘书工作。但是，蒂森的律师在1948年辩驳道，这样做主要是针对女儿因小儿麻痹引起的精神抑郁而采取的措施，完全不是一个正式的工作。与熟人和朋友相比，任何体育运动和工作都与她无缘。

蒂森与戈林很早就有了联系。阿梅莉和弗里茨·蒂森在米尔海姆-斯贝尔多夫的家里有一个院子。在20世纪20年代那个黄金时期，像蒂森这样有权势和名望的男人都会举办不同凡响的华丽宴会。纳粹分子戈林想与经济界的大人物攀比，所以他也举办宴会。希特勒后来的宣传机器戈培尔在他1931年1月6日的笔记中记载了那天社交聚会的细节：“在戈林家里。出席人员：沙赫特、蒂森、夫人们和伦采蒂。沙赫特给人以飞黄腾达的印象，而蒂森给人以老派人士的印象。妙极了，一个资本家，这样的商界领袖招人喜欢。他的夫人很友好、亲切。沙赫特的夫人就不一样了，完全是个洗衣妇。之后到达的有希特勒、罗姆、布鲁克纳……蒂森那强大的自信心使人佩服，是个人物！沙赫特显然愿意站到我们这一边来……他对我说了许多奉承话，但我不相信他。而蒂森不一样，是个真正的绅士，一个老鲁尔地区典型的企业家，一个值得佩服的人物。妙啊！他能掌控这里的局面……是个马克思主义的死敌，一个顽固的爱国主义者，以后得给他降降温。”可是在汉博恩，蒂森同他的炼钢高炉拥有权势，纳粹先生们都避让他。戈培尔在他的笔记中透露："他的车通过红色汉博恩的时候，都没有停下过。"

为什么要降降温？蒂森对纳粹分子活动的慷慨资助后来估计差不多有100万帝国马克，几乎都是他个人的钱。1948年，在科尼希施泰因针对弗里茨•蒂森博士的肃清纳粹分子的审判中加上了向右翼政党捐款的事实。法庭计算出蒂森在1923年到1932年之间向右翼政治团体支付的金额有63万帝国马克。赞助右翼政治团体及政党对大工业很合适，对蒂森来说是理所当然的。纳粹在发展初期对他来说是合意的。

克虏伯在1935年之前坚持用自己的克虏伯三环旗帜。此后，在他企业里所谓纳粹企业支部的要求下，工厂的上方才挂起了纳粹旗帜。而蒂森很早就挂起了纳粹党徽旗帜。他似乎对纳粹的思想深信不疑，并被阿道夫•希特勒这一"光辉形象"所蒙蔽。所以早在1932年，即纳粹在被称为"失业者首都"的杜伊斯堡发起夺取政权行动的前一年，在他的企业里，即奥古斯特•蒂森冶炼厂，建立了一个纳粹党的宣传办公室。这位最重要的重工业家对纳粹思想的好感对于纳粹分子来说，显然与他的金钱一样有价值。1928年，希特勒的副手鲁道夫•赫斯去找他，请他对位于慕尼黑的纳粹中央党部的一座褐色建筑（被称为"褐色房子"）予以资助。蒂森虽然回避了个人的捐款，但他还是通过一家外国银行为此促成了一笔30万帝国马克的房屋贷款，是他个人做的担保。纳粹分子想借用蒂森的威望进行炫耀，他满足了希特勒的愿望，成为帝国议会议员并被任命为普鲁士国务委员。纳粹安排他为德国经济总理事会的会员，这只是徒有虚名，这个理事会他只参与过一次议事。

后来，弗里茨·蒂森不再受纳粹的欢迎了。这个心甘情愿的愚笨金主阻碍了他们，他违背了纳粹的核心思想，例如，他反对迫害犹太人。1939年，蒂森还发出通电申明：他反对战争。由此，他踏上了逃亡之路。他在德国的处境毫无希望。他养虎为患，独自面对纳粹的走狗完全无能为力。弗里茨·蒂森和家人在欧洲各国逃亡，最后还是被抓获。他经历了精神病院中的橡胶壁囚禁室、纳粹集中营，最后甚至遭到枪杀威胁。蒂森的妻子阿梅莉与他共同经历了这些苦难。美国人解放了德国之后，蒂森又作为囚犯被战胜国监禁了起来。1948年，他受到了当时一些机构的调查，这些机构要在肃清纳粹分子的审判过程中弄清楚，他是一个纳粹头目还是一个普通的纳粹党员。他似乎难以忍受这个审判，以及过去因误入政治歧途而带来的耻辱。1951年，他的心脏停止了跳动。

“弗里茨·蒂森是这个圈子里（作者注：指鲁尔地区的工业家）唯一在纳粹夺取政权之前为希特勒出过力的人。与他那巨人般的父亲奥古斯特·蒂森相比，他一生的重要性远远地落在了后面。”1951年，实事评论家埃德加·毕辛格对蒂森的一生进行了这样的总结：“弗里茨，在他父亲还在世的时候曾经是一个家里经常为他担心的孩子。1932年1月27日，他让希特勒在杜塞尔多夫的工业俱乐部发表演说，尽管演说只得到了不太热烈的掌声，但自己还是向他欠身鞠躬，并喊出一句‘希特勒先生万岁！’[1]为他送行。弗里茨•蒂森肯定很快认识到自己错误地估计了形势。他所希望的鲁尔区企业家的自由，在纳粹帝国的统治下所剩无几。尽管他在1933年成了帝国议会议员，但很快他就加入到了日益激进的反对派之中。他因为抗议第三帝国的教会政策而辞去了赫尔曼•戈林授予他的普鲁士国务委员头衔。”当德国和苏联之间的合约彻底破裂时，希特勒在帝国议会上进行鼓吹战争的演说，并含沙射影地针对蒂森：“谁违抗国家的命令，谁就要灭亡。”蒂森逃到了瑞士。后来，德国秘密警察还是在法国管辖的利维拉逮捕了他。美国人把他从集中营解救出来，不过又将他重新监禁。在科尼希施泰因肃清纳粹分子的审判过程中，他必须在审判法庭面前撇清与希特勒的关系，对自己的行为负责。毫不奇怪，德国钢铁联合公司第一任监事会主席在德国遭受如此的待遇让他受够了。后来，他去了阿根廷他女儿那里，1951年在那里去世，享年78岁。

希特勒在杜塞尔多夫工业俱乐部的演说，不仅对蒂森参与政治活动有决定性的意义，而且从那个时候开始，就决定了他与希特勒及其他纳粹头子的关系，同时也决定了之后与家人遭受的苦难和折磨，以及1948年受到肃清纳粹分子审判的耻辱。1948年当时的那位法官认为，“这要看那场政治运动是否通过希特勒在1932年1月27日那次演说得到了大规模的支持，以及希特勒要干的事情是否取得了进展”。在这个经常被引证的特殊日子，在豪华的杜塞尔

[1] 德语“Heil, Herr Hitler！”本意是“祝福希特勒先生！”

多夫公园酒店举行了一场工业俱乐部的集会，这个集会后来被认为是一个臭名昭著的工业家会议。有400个莱茵-鲁尔地区的商业领袖参加了会议，他们当中绝大部分有纳粹分子嫌疑：行为举止像无产阶级，心里边装的却是统治者那一套。当一位社会民主党人发表左翼宣传的演讲后，他们还要听一个右翼代表的演讲。弗里茨·蒂森本来推荐了戈瑞格·施特拉塞去演讲，但希特勒主动走向了演讲台，并用口哨声将那个纳粹思想家施特拉塞压了回去。

希特勒没有佩戴纳粹党的徽章，他穿一件深色西装和白衬衫。他知道怎样使他的出现对这些参会的莱茵-鲁尔地区经济界权势人物产生广泛的影响。当时纳粹党的成员刚刚突破了一百万。这个纳粹领袖在他的演讲中将德国的政治和经济危机归咎于民主："现实十分荒谬，经济上要把生活建立在效率和个人价值的基础上，因而在实践中需要建立个人的权威，然而在政治上却否定这种个人权威，要采用多数原则——民主来代替它。"

绝大多数参加集会的人都在过度供热的大厅里极力忍住倦意，而弗里茨·蒂森却没有。他站在麦克风后面，将本来准备接下来演说的那个男士打发走。希特勒以他那固定的标志性方式进行演说，但却一点没有能够打动人。在这些有经济实权的人当中，绝大部分还没有考虑清楚应该对他持什么态度。而弗里茨·蒂森的看法显然不同。在那本以他作为作者署名的书《我资助过希特勒》里面是这样描述的："事实上是我建立了希特勒和莱茵-威斯特法伦地区工业界的权威人士之间的联系。众所周知，1932年1月27日，即阿道夫·希特勒上台的前一年，他在杜塞尔多夫工业俱乐部发表了两个半小时的演说。这个演说对参加集会的工业界人士留下了深刻的印象。其结果就是，来自重工业的大量资金流入到纳粹党的钱箱。”这些捐款至少是魏玛共和国终结的一个间接原因。这些钱填满了纳粹党逐渐被掏空的钱箱，使纳粹党免遭财政破产。可以说，这些钱维持了他们的生存。后来，希特勒利用重工业取得了政治上的成功。

在肃清纳粹分子的审判中，针对弗里茨•蒂森的亲纳粹行为，有一位证人报告，蒂森拒绝了工业家阿尔伯特•弗格尔的发言请求，他是想和在工业俱乐部发表演说的希特勒道别。蒂森说，他不知道有这个发言的请求。那位证人却说，蒂森没有允许这个发言请求，是为了让他自己能够以一种对希特勒的赞颂来结束演讲。证词还涉及了多次被提到的蒂森的告别语“希特勒先生万岁！”本来“万岁”那个词是当时民间常用的一种说法，是祝福的意思。或许是蒂森带头使用了后来发展为纳粹标志性口号的“希特勒万岁[1]”？蒂森在希特勒发表演讲两周前退出了德国国家人民党（DNVP）。一年之后，他宣布支持纳粹。1933年5月1日，他加入了纳粹党。

这次集会一年之后，莱茵河鲁尔区的那些头面人物还记得希特勒演说中的话语。1932年11月，蒂森周围的那群人向帝国总统保罗•兴登堡呈文，建议任命希特勒为帝国总理。但是，古斯塔夫•克虏伯•冯•波伦-哈尔巴赫博士在

---

[1] 万岁，德语为Heil，音“海尔”，是祝福的意思。后来的纳粹标志性口号是“Heil Hitler！”（希特勒万岁）

1933年希特勒掌权之后，仍然对德国企业家向希特勒捐钱的事持保留意见。克虏伯作为德国工业总会的主席，负责为希特勒及其政党募捐。工业界所有工人和职员月工资的0.5%，要捐给即使在1933年之后财政上依然捉襟见肘的纳粹党。克虏伯奉命向其他工业家募集资金，成为纳粹党的摇钱树。纳粹把乞讨任务丢给了克虏伯、蒂森及其他工业家。克虏伯对这一切厌烦透了，他对身边的朋友说，必须在办公室门口挂一块牌子，写上“反乞讨协会会员”。而接收这些捐款的阿道夫•希特勒，则兑现了要对这些资助给予回报的承诺。他将扩充军备的订单给了重工业界，军备扩充保证了充分就业。此外，还加上征收高额关税和实施进口配额制度来限制了国外的竞争。

蒂森应该会见过希特勒12次，并与他进行了交谈。希特勒给他留下了“非常好”的印象。蒂森认为希特勒“很谦虚”。他直言不讳地承认这一点。在科尼希施泰因肃清纳粹分子的审判过程中，他谈到了希特勒的“催眠术威力”。“我在慕尼黑问希特勒，施以这种影响是如何做到的。希特勒回答说：‘当我进行了十分钟的演说，我就会感受到与听众建立了联系，就像一个指挥在他的乐队面前的感觉一样。当我建立了这种联系之后，我就能胡言乱语，为所欲为了。’”蒂森认为，在杜塞尔多夫公园酒店工业俱乐部的那次演说中，“希特勒也对听众施加了心灵暗示影响”。在科尼希施泰因肃清纳粹分子的审判中，蒂森的部分供词中涉及关于希特勒和纳粹高官的细节，由此可以得出结论：他已承认和纳粹头目进行过积极的思想交流。

他的伟大梦想却与纳粹的计划不同。弗里茨•蒂森梦想着另一种政治模式。他希望的是一种等级代表制度，“一个无党派的委员会，这个委员会既要代表全体工薪阶层，也要代表全体雇主”，“它要决定工资和税收以及垄断方面的问题”，而且“对所有在经济和社会生活中出现的问题都有最终裁决权”。他梦想着有一个第二议院，即第二个帝国议会。传记作家鲍曼对此下的结论是，弗里茨•蒂森与其现实主义的父亲奥古斯特不同，他是一个理想主义者。弗里茨•蒂森认为，这样的等级制国家能够平衡贫富悬殊。等级制国家的理念来自天主教的社会学说，教皇莱奥十三世和耶拿•冯•皮尤斯十一世的圣谕也明确地与意大利法西斯主义针锋相对。1932年，弗里茨•蒂森参加了天主教学术联盟在玛丽亚•拉赫修道院举行的社会学大会。在会上，等级制国家的理念更加强烈地鼓舞了他。他相信现在可以通过等级制的联邦议院形成一种政治抗衡力量。与谁抗衡呢？“与纳粹党日益膨胀的权力欲望。”他确信，联邦议院能够“阻碍纳粹们革命的方向”。而且，一个等级制的国家结构可能改变德国的社会贫困现状——由于紊乱无序的国家结构造成差不多600万的失业人口。

到了1948年，蒂森在这方面仍然像一个内行人一样，在供述他与纳粹头目的讨论时，也在一定程度上谈论了他这个梦想。“希特勒有同样的见解，特别是戈林也有这样的看法，俩人都对党内极端分子感到有些害怕。”蒂森这样说，听起来好像他是希特勒的亲密经济理论知己似的。实际上并非如此。在科尼希施泰因审判中的法官面前，他谈到希特勒是瞧不起计划经济的。“有一点希特勒很清楚，国家本身不应该像一个企业家，否则国家就会丧失最高裁判者的职能。”当蒂森认识到纳粹党表面上的施惠于人只是一种欺骗的时候，为时已晚。虽然在1933年，希特勒委任他在杜塞尔多夫建立一个“社会等级制研究所”，又说可以像在慕尼黑开始的纳粹运动那样，在杜塞尔多夫开始等级制性质的经济改革。然而，纳粹分子没多久就让蒂森和他的同事们在工作中不得安宁了。由纳粹党控制的德国劳工阵线嗅到，这是针对他们“经济与劳动学校”的一个竞争机构。蒂森徒劳地请求希特勒“一定要进行干预，以便消除国内政治的紧张”，但没有得到答复。相反，这个研究所引起了海因里希·希姆莱领导的安全总局的警觉。1936年的一份文件这样总结：等级制国家的理念与“纳粹主义的历史任务”是相悖的。1936年夏，该研究所的出版物被禁止，成员遭到逮捕，被送到监狱和集中营，最后研究所被关闭。

同其他人一样，蒂森也将希望寄托于纳粹新政府。他指望新政府能实现等级制国家理念，重建普鲁士-霍亨索伦王朝，让德国从《凡尔赛条约》中解脱出来，实现社会公平。早在1933年，当他还拥护纳粹党的时候，就有一些疑虑。他曾向戈林求情，将前普鲁士福利部部长海因里希·希尔塞弗尔从集中营释放出来，但没有成功。希尔塞弗尔，一个大腹便便的男人，被纳粹冲锋队押着，于火辣辣的太阳下在埃森市游街几个小时之久，一条红绳子绕在脖子上，还挂了一个牌子，牌子上写着：“我是穷光蛋希尔塞弗尔。”

其他所有关于希特勒为何能掌权的解释，例如获得了包括蒂森在内的工业界的支持，蒂森在1948年的审判中都进行了否认。他认为只有一个原因："希特勒之所以得到支持，是因为德国接受了第一次世界大战之后推行的杨格计划[1]，由此导致大量失业，人民悲观失望，这就是希特勒为什么能够掌权的原因。"他没有把自己放到纳粹的思想体系中去，但至少是属于民族主义思想阵营中的吧？蒂森在第一次世界大战后成了坚定的民族主义者。在战争期间，他做了一名志愿者。1918年11月9日发动革命的那一天，蒂森45岁。这位"红色哈德克"[2]，作为埃森工人代表委员会委员，在议会发生的骚乱中，与鲁尔区的工业家们一起被作为人质遭到逮捕。这些人当中包括父亲奥古斯特和儿子弗里茨，他们还曾经希望法国人来占领鲁尔区。弗里茨•蒂森向帝国总统弗里德里希•艾伯特写信，要求设法释放关在柏林莫阿比特监狱的所有人质。顺便提一下，父亲奥古斯特是这些被逮捕的工业家当中，唯一一个从实际考虑，在胳膊下夹了一条毯子的人。到达柏林之后，他将毯子忘在了火车上，并请人看在他起码还是工人委员会委员的分上去将毯子取回。"为什么让我去？"他请的人可是新任命的柏林警察局长啊。

---

[1] 杨格计划（Young Plan）是指在1929年至1930年间，由美国企业家和银行家O.D.Young（1874—1962）所主持的协约国国际专家委员会为德国制订的新的赔款计划。于1930年1月经海牙赔款会议最后通过。

[2] 卡尔·伯伽多维奇·哈德克（Karl Berngardovich Radek，1885—1939），第一次世界大战前在德国和波兰积极从事社会民主运动，十月革命后，是前苏联一名共产国际的领导人，这里指蒂森。

有报道说，直到1923年鲁尔危机的发生，弗里茨•蒂森都深深地为德国感到屈辱。历史学家哈茨菲尔德认为，据描述，“1918年12月他遭到了侮辱性的虐待，这更可能是导致他投奔德意志民族主义的阵营和鲁登道夫将军的原因”。另一些人认为，随着杨格计划的实施，他的政治上的民族主义思想已完全形成。他已经是《凡尔赛条约》的一个反对者了。战胜国通过该条约让战败的德国进行几乎不可能实现的赔偿。杨格计划，以一位美国经济专家的名字命名，在德国输掉第一次世界大战后的20世纪20年代中叶，重新帮助德国偿还战争债务。1929至1930年的世界经济危机，其中一个后果就是使德国丧失了还债能力。早在1927年7月，蒂森就通过一个公开声明对此表示愤怒和抗议。杨格计划好像是对“战争罪责谎言”的承认，它一旦生效，肯定会“在可预见的未来葬送一个自由的、自豪的、独立的德国”。自1929年7月以来，德国的各右翼政党加强了反对杨格计划的运动，这些政党包括：纳粹党（NSDAP）、德国国家人民党（DNVP）（蒂森直到1932年还是这个党的成员），以及钢盔党（它的名称及纲领充分体现了其成员的军国主义思想）。在这场宣传运动中，蒂森通过来祈求捐助的希特勒副手鲁道夫•赫斯与再次崛起的希特勒见了面。1931年，蒂森在哥伦比亚大学面对美国商界领袖发表演说。他将德国的经济萧条归咎于《凡尔赛条约》。这个条约导致了过分的、无视经济规律的社会福利政策的产生。

1948年，蒂森在科尼希施泰因肃清纳粹的审判中公开表示：的确，他支持过希特勒。他曾经“相信希特勒的事业能够发展成为符合期望的结果。我完全承认，但前提是，这场运动要沿着正确的轨道进行”。当时许多人都相信这位新领袖的正确道路。显然也包括天主教科隆红衣大主教苏尔特。蒂森征求红衣主教的意见，要是他允许，那么他会加入纳粹党。那位红衣主教没有细想，“当蒂森先生在纳粹党内发挥他的影响时，他怎样与天主教教义保持一致”。这是银行经理赫尔曼•阿布斯说的，他是蒂森的律师提名的众多辩护证人之一。

蒂森和他的律师们列出了一条又一条的辩护意见。例如，自1934年以后，蒂森不再向希特勒行这种举起右臂、高喊“希特勒万岁！”的礼节了。事实上，蒂森的一个工厂看门人也曾向他行这种纳粹礼，蒂森训斥他是个疯子。他说：“我们不想与这样的人有任何关系！”人们应该脱下帽子说“早上好！”。自1934年起，蒂森就在他的私人小圈子里称纳粹分子为犯罪团伙。他内心对纳粹的背弃一定是从冲锋队头子罗姆及其全部上层随从人员被逮捕和谋杀时就已经开始了。那个臭名昭著的事件的开端，是弗里茨•蒂森作为宾客于1934年在埃森参加一个纳粹首脑的婚礼。事实上，在肃清纳粹分子的审判中显示，他在1934年以后就没有积极参与过纳粹的活动了。

在科尼希施泰因审判中的照片显示出弗里茨•蒂森已经是一个形容憔悴的老人。他每天都身穿褪色的西装，坐在科尼希施泰因公园酒店里由咖啡厅改设的审判法庭前。阿梅莉•蒂森在六个星期的审判过程中，一直坐在大厅中一张青年先锋新艺术风格的椅子上坚持等候。“好歹这里有一席之地来维护我丈夫。他必须知道我在这个大厅里，他必须知道我就直接坐在他身后，他一定要感觉到我正在全力支持他。”逃亡、驱逐、精神病院、集中营、羞辱以及前途未卜，他们承受了肉体和精神上的双重折磨。这时，阿梅莉和弗里茨已到了垂暮之年。他们就像古希腊神话中的费莱蒙和鲍西丝一样，是一对现代的白头偕老的恩爱夫妻！他们的婚姻缘于一个舞会。弗里茨写道：1896年至1897年间，“我曾在杜塞尔多夫的普鲁士第五重骑兵团服役一年，在这期间我有幸认识了我的妻子阿梅莉。在一次社交晚宴的舞会上，她挨着我坐在桌旁。她的父母刚来杜塞尔多夫不久，阿梅莉完全信赖同桌的我。她担心，自己一个人都不认识，肯定会没有舞伴。那时候的舞会还使用邀舞卡，她把她的给我看，真的，舞伴那一栏是空着的。于是我在她所有的邀舞卡上写下了我的名字。她满意了，而我幸福极了”。

现在，起诉人和他同坐一桌。有一次，卡尔·塞瓦瑞因还坐到了蒂森旁边。他作为1931年的普鲁士内政部长进行了说明，在当时，本来正好有机会可以打破那种“人们因受催眠术蛊惑而感到纳粹即将接管政权的形势”。当时人们经常看到，蒂森以低垂的双眼和痛苦的表情试图躲避记者们的照相机。尽管审判结束时他被宣告无罪，获得自由，但他却并不像个赢家。

1923年时，情况则完全不一样。弗里茨·蒂森是个赢家。1923年1月，他作为美因茨鲁尔地区矿山的发言人站在法国军事法庭上。他认为法国联合比利时占领鲁尔区是非法的。作为民族主义者，他不愿意，也不同意，当然也不会遵从。这是弗里茨·蒂森一生中的第二次反抗了。当他还是基督教新教福音派教会中学的一名高中生的时候，就因历史课中有反天主教的观点而提出过激烈抗议，并因此不得不换了学校，驱车到杜塞尔多夫去上学。1923年，这位重工业领袖站在了民众抗议和德国抵抗法国、比利时联军的风口浪尖。他和其他一些工业家被捕入狱，“美因茨的监狱……窗户破旧，满是臭虫”。法国人判他缴纳罚款。鲁尔区的工人为支持蒂森和其他被逮捕者要举行罢工，这才使他们幸免于牢狱之灾。

当他重新回到杜伊斯堡时，如凯旋的战士，受到了热烈欢迎。他被邀请参与政府工作，但蒂森拒绝了：“我不是政治家，我是民族主义者。”这是他父亲的精神。在1921年鲁尔区被占领之初，父亲奥古斯特•蒂森就写信给他的董事们：“我们必须全心全意地做德国忠贞不渝的子民，我们要一如既往地为德国的未来竭心尽力。……我们必须团结一致，作为忠实的爱国者，通过目标明确的努力，为帝国维护好我们的矿山和工厂。”1923年，弗莱堡大学因弗里茨•蒂森在鲁尔危机中维护了德国的权利授予其名誉博士学位。新的右翼政党纳粹在打他名字的主意，他们想今后从他的名声中获得好处。而蒂森将尝尽苦果。1923年，一心致力于生产最好钢材的企业家、名誉博士弗里茨•蒂森，却要费尽心思地成为一名政治人物。几乎在鲁尔区实行消极抵抗的同一时间，希特勒伙同鲁登道夫和罗姆向慕尼黑军事统帅部进军。

尽管法国军事法庭将蒂森判罪，但他并没有因此仇恨法国人。他仍然是一位聪明并为自己精打细算的企业家。法国军事法庭给他带来的所谓屈辱并不能阻止他积极地参与德法之间的经济洽谈，并提出建立一个国际粗钢联合会的主张。这个人公开宣布自己是一位民族主义者，而在经济领域却要求打破国界。不过在1926年，当一个法国占领军士兵在莱茵地区杀死了一个德国人却没有受到惩罚时，蒂森离开了德法协商委员会。尽管如此，法国外交部长阿里斯蒂德·白里安却称赞蒂森为德国人当中的工业领袖。对此德国外交部长施特斯回应："如果您听到这位德国民族主义者更多的声音，也许您对他会有更好的理解。"

弗里茨·蒂森及其家人——妻子阿梅莉、女儿阿妮塔和女婿茨希伯爵的厄运开始于1939年。1939年12月，弗里茨·蒂森在瑞士卢塞恩给希特勒写了一封长达数页的信。他将信件分别寄往德国驻伯尔尼大使馆、柏林帝国总理府以及希特勒位于上萨尔茨堡贝尔希特斯加登的私人府邸。信开头的称呼用的是"我的先生"，信的结尾处用"德国万岁！（而不是'希特勒万岁！'）" 这位当时德国最有权势的工业家、德国联合钢铁公司的领导人，他逃离了这个他曾经协助其夺取政权的"先生（希特勒）"。他最初对这个人深信不疑，并以"希特勒万岁"加以赞美。而现在他知道，这个人绝不是他的领袖。这封信的后果是灾难性的：弗里茨·蒂森将成为最无助的德国工业家。他被纳粹分子宣布为罪犯，并向他发出了逮捕命令。阿道夫·希特勒于1939年在帝国议会煽动战争的演说中还专门提到弗里茨·蒂森："谁违抗国家命令，谁就注定要灭亡。"蒂森不仅违抗了，他还进行了控告。因此，1940年2月，德国内政部长决定：剥夺蒂森和他的妻子阿梅莉作为德国公民所享有的一切权利。

弗里茨•蒂森的勇敢举动还在继续。1939年，当希特勒发动第二次世界大战的时候，蒂森是唯一一位彻底背弃希特勒的德国工业家，而且他也反对独裁政治，尽管他知道，这样一定会使自己的生命和财产陷于危险之中。

“那个著名的生产合作者”，记者埃德加•毕辛格这样称呼蒂森，他几乎是惊恐地害怕共产主义者和所有左派政治家，对极右翼势力在财务上给予帮助，这使得纳粹在帝国议会中赢得多数席位。而当他认识到这种政治错误时，已经为时太晚。作为逃亡者，蒂森通过一封信绝望地与希特勒划清界限：“我唯一的错误是，我相信了您，我们的领袖阿道夫•希特勒，相信了那场您发动的运动，并且还带着我对祖国德国充满热诚的崇敬之心，充满激情地相信您和您的运动。”如果这还不算真诚，那么使用更加激烈的、具有爆炸性影响力的言语，蒂森表达得更明确：“我谴责近几年的政策，尤其要对战争政策提出控告，它将德国人民带向毁灭之路……您的新政策就是自杀。”他是多么的正确啊！“您的新政策，希特勒先生，将把德国推向深渊，而且使德国人民堕落。您回头吧，趁现在还有可能，还帝国一个自由的议会，还德国人民良知、思考和言论自由。请您做出必要的保证，让法律、秩序重回正轨。”

尽管蒂森认为，他给希特勒的信不会向德国人民公开，但他的举动也不应被视为天真幼稚。当他亲口说出“阁下，请您给我们思想的自由”时，至少应该承认他是真诚的、负责的和有着坚定信念的。这位最有权势的德国工业家、普鲁士国务委员、纳粹党党员敢于公开地和希特勒对抗，这使他从一个有权有势的纳粹大员变成了一个遭受冷落的人物。约瑟夫•戈贝尔在1931年的日记中这样写道：“蒂森完全是一个陈腐老朽。妙极了，一个资本家，这样的商界领袖会讨人喜欢”，但他对纳粹不再有用了。这个戈贝尔曾经为申请奖学金使用“尊敬、亲爱的克虏伯夫人”这样的语言，但是申请还是被拒绝了。现在，他咒骂道：“蒂森像卖国者一样给元首写了一封信，并威胁要将此信公开。腐败的商界！卑鄙龌龊！”

早在1936年和1937年还在德国的时候，蒂森就已经在密谋。他同一些朋友和将军们讨论借助将军们的力量推翻希特勒，克鲁格将军解释说是发动一场将军革命，他（蒂森）会在民间立刻提供支持。他起草了一份广播宣言，里面谈到，这场军事行动一开始就是直接针对希特勒的。1939年，蒂森同将军们更新了广播宣言，这些将军中仍然有克鲁格将军和霍普纳将军。他从不隐瞒自己对一切战争政策持坚决反对态度，他始终反对那种“靠闭关自守支撑的军备政策”。在那些年中，新教牧师马丁•尼莫勒遭到了逮捕。蒂森从未见过、听说过此人，也没同他谈过话。当蒂森得知他被捕后，立刻指示对尼莫勒牧师一家定期给予资金帮助。另外，当他得知纳粹要将杜塞尔多夫的天主教圣安娜修道院进行拍卖，蒂森就想方设法避免花费大笔资金参与竞拍。他与纳粹的彻底决裂由于烧毁犹太教堂和对犹太人的迫害而彰显无遗。杜塞尔多夫政府首脑就因为妻子的犹太血统而受到冲锋队员威胁并被撤销职务。蒂森冲动地做出反应，就像他平时经常做的那样，放弃了他作为普鲁士国务委员的职位。他写信给国务委员会主席戈林："鉴于最近发生的一系列事件，包括我的朋友杜塞尔多夫市长施密德先生，这位非常忠诚可靠的国家官员被驱逐的事情，在我看来，这严重损害了我所尊敬的国务委员会的权威，因此我请求解除我国务委员的职务。"作为正派商人，他还要求财政部长"停发担任这个职务的薪水"。

对于所有这些提到的事情都有证据，难道还需要弗里茨•蒂森本人的证词吗？这一问题直到今天还仍然令人费解。1941年，在纽约和伦敦出版了英文版的《我资助过希特勒》一书。该书作者的署名是弗里茨•蒂森。在德国，很少有人知道这本书。关于这本书，直到今天，如果还有人谈起它的话，那仅仅是在历史学家的小圈子里。关于这本书本身，它的历史，以及它出版发行的这样或那样的故事，或许已经真正反映了欧洲历史那一段非常戏剧化的部分。在1948年的夏天和秋天，在针对名誉博士弗里茨•蒂森的庭审中，这本书成了议论的焦点。该书也是最重要的辩护申述的证据材料，经过对该书内容长时间的讨论，最终认定它作为从轻判罚的支持性文件。

那是1939年9月1日，在巴德加施泰因的夜里，蒂森夫妇已经在奥地利的阿尔卑斯山里待了很长一段时间。弗里茨•蒂森因长时间患病，想要疗养。他的父亲奥古斯特•蒂森曾经在那里疗养过。女儿阿妮塔•德•茨希-蒂森、女婿盖伯•德•茨希伯爵以及外孙费德里科于是年8月的最后一个星期前来探访。1939年8月初，弗里茨•蒂森还在苏黎世参加过一个展览会。然而作为逃亡者留在瑞士，他还从未想过，他后来解释道。在带着假面具的赫尔曼•戈林那里，他曾相信这个有权有势的纳粹头目说过的话：所有关于战争将至的谣传只不过是外交游戏，令人吃惊，完全不可能！蒂森和戈林还经常交流。那些纳粹头目总是把蒂森打扮成国防经济领袖，而蒂森，尽管他感觉很不舒服，但却没有拒绝这一政治粉饰。1936年12月，那个肥胖的帝国元帅戈林在那些企业家，特别是莱茵-鲁尔地区的企业家面前发表了这样的声明："可以预料，扩充军备前途无限。如果我们胜利了，经济上会得到足够的补偿。……我们已在进行战前动员，只是还没有发动战争。"

1939年8月31日，弗里茨·蒂森在巴德加施泰因收到两份电报，发出了一份电报。第一份电报下午到达。他的妹妹赫德维希·冯·贝尔格-蒂森男爵夫人告之，她的女婿冯·内姆尼茨伯爵已在达豪集中营去世。纳粹们认为冯·内姆尼茨是奥地利哈布斯堡王朝的官员，将他逮捕并关进了集中营。后来蒂森得知，纳粹分子帝国外交部长约阿希姆·冯·里宾特洛普"丝毫没有犹豫，就将死者的财产据为己有"。其中包括位于萨尔茨堡那座雄伟壮丽的福斯尔城堡。8月31日傍晚，来了第二份电报，发报人是纳粹党在埃森地区的头目泰尔波文。这份电报将彻底改变弗里茨·蒂森和家人的生活，给他带来的后果是灾难性的。

泰尔波文是谁？1934年，在历史悠久的埃森大教堂，即今日的天主教-鲁尔教区大教堂，弗里茨·蒂森出席了他的婚礼。他身穿黑色马裤、褐色衬衫、靴子，以讨这个泰尔波文先生的欢心。这一婚礼庆典涉及不为人知的政治层面，甚至违法犯罪行为。1932年1月，希特勒在杜塞尔多夫工业俱乐部发表演讲的第二天，希特勒、戈林、恩斯特·罗姆受到弗里茨·蒂森的邀请成了朗茨贝格城堡的客人。在1934年6月28日泰尔波文的婚礼当天，弗里茨·蒂森在他的纳粹白日梦中认识的人，以及在他那里成功乞求到资金的那些人，差不多都到齐了。但有一个纳粹大人物缺席了：纳粹党冲锋队头目，同性恋者恩斯特•罗姆。罗姆领导下的那群同性恋色情狂冲锋队员按照希特勒“清除”的意思，放火烧毁德国的犹太教堂，其中包括距离埃森大教堂不到三百米远的德国最美丽的犹太教堂。

在埃森举行的婚礼隐藏着其它图谋。据在场的见证人报道说，希特勒用呆滞的目光看着泰尔波文的婚礼，他在那里凝视前方，心里似乎想着其它的事情。对希特勒来说，他的战友恩斯特•罗姆已经变得十分危险，因为他幻想着一个军国主义国家，搞了自己的阅兵式，还攻击纳粹党的领袖希特勒是“一个平民、一个艺术家、一个胡思乱想的人”。这位“领袖”下榻在埃森皇宫酒店。在婚礼当天的夜里他被唤醒了。有人向他报告，罗姆在慕尼黑举行了盛大阅兵式，阅兵队伍向罗姆高呼“万岁”，而谩骂的呼声指向了希特勒。希特勒在电话上大发雷霆。他在狂怒中下达命令，要消灭这个“毒瘤”罗姆，“烧掉这个脓疮直到露出好肉”。在皇宫酒店下达的命令更为具体：提前一天让党卫队高层官员在柏林帝国总理府旁边参加饮茶聚会，到时候传达按计划刺杀罗姆和他的追随者的命令。在那个夜晚，希特勒还飞到慕尼黑，从那里继续前往巴特维塞，党卫军安全护卫队随行。

在巴特维塞举行冲锋队全体大会之前，他们的冲锋队领袖正在纵酒宴乐。在罗姆和他的床第同志熟睡之时，希特勒握着手枪冲进了卧室，大声咆哮：“叛徒！”七个冲锋队头目被当场击毙，罗姆中了三枪。行刑队花费了三天时间杀害了其余两百人。弗里茨•蒂森在晨报中读到："阿道夫•希特勒捣毁叛徒老巢。"1923年的时候情况完全不同。希特勒、罗姆和鲁登道夫一起冒着危险在慕尼黑发动政变，他们率领队伍要进军事统帅部，推翻共和国，准备进行右翼革命。所需的费用要十万帝国马克，当时他们找到了一个资助人：名誉博士弗里茨•蒂森。

在名誉博士弗里茨•蒂森的政治生涯中，十万帝国马克这一数目还出现过一次。在1948年科尼希施泰因清除纳粹的审判中，一名证人的陈述受到了质疑，根据这一陈述，蒂森为纳粹党筹集了这笔钱款。审判长问道："您支付了十万帝国马克这一陈述是否属实？"这位当事人（蒂森在整个审查过程中被称为当事人）经常避而不答："我不记得了。在1931年至1932年，我对胡根贝尔格说，需要对那些右翼政党支付经费，纳粹党现在也应该被列入右翼党派之一，在分配资金时必须考虑这些政党的政治目的。" 胡根贝尔格是克虏伯联合公司的总经理，后来成为德国乌法电影电视制片公司老板，同时也是当时德国的政治家之一。他为希特勒铺平了政治道路，而且在希特勒的第一届内阁里担任经济部长。他对蒂森说："我同意，但资金分配的事交给我吧。"

分配什么资金？政治贿赂在二十世纪二三十年代就已司空见惯。当时的德国重工业联合会理事长马克斯•施勒克尔博士在蒂森审判案中说："这是德国企业家的心理。他们就像购买火险和偷盗险一样向政党投保。因此他们购买政治保险，而且支持所有派系的政党。"出于这个目的，莱茵-鲁尔地区的企业主们还建立了一个保险联合会，这是一个秘密联盟，模仿《圣经》中“约柜”[1]的说法，给它起了一个名字叫“鲁尔约柜”。但是对审判庭来说，更多地提及那个迄今为止鲜为人知的联盟并没有多少价值。1927年11月，在克虏伯位于奥地利布吕恩巴赫的庄园林区的一次狩猎聚会活动之后，参加狩猎的煤炭、钢铁等领域的工业大亨们感到有了一个非正式的结盟：没有章程，没有加盟申请。他们在一起不仅探讨煤炭开采、钢铁供应、数十亿的金融交易，还谈论当前的经济、政治话题，以使企业活动相互协调。在这些人当中，有12个行业的代表，今天也有其他人认为是15个行业的代表，除克虏伯外，弗里茨•蒂森是最有声望的成员。

1928年1月9日，这个联盟的第一次秘密聚会在克虏伯位于埃森的山庄别墅举行。只有与会者和仆人知道此次聚会。在这次会上，第一次谈到了那些用来支持各个政党的资金。到1930年，有150万帝国马克分别给予了那些在莱茵-鲁尔地区工业界受欢迎的政党。“我在艾伯特总统时代也资助过社会民主党。”蒂森在肃清纳粹审判过程中声明道。1948年，当时的君主立宪主义者、社会民主党的艾伯特非常信任蒂森。他谈到，比起共和制，他更喜欢有一个君主在上的君主立宪制度。

1933年，一个“鲁尔约柜”的成员，保罗•斯威尔伯格博士，开始担心他的生命安全。在这之前，这位胖胖的小个子男人在他位于科隆附近的美丽庄园里一直生活得舒

[1] 约柜，《圣经》中传说犹太人收藏刻有《摩西十诫》的两块石板的木柜。

适安全。在那次上流社会绅士们狩猎聚会的时候，他穿着长袜扎膝裤，带着大檐帽，十分引人注目。克虏伯穿着短裤和巴伐利亚齐膝长袜。盖尔森基兴矿山有限公司总经理罗依士戴着一顶草帽，上面插一朵毛茛花，就像“黑彼得”[1]，联合公司首脑彼得•克罗克尔讥讽道。其他的那些到场的先生们都穿着猎装。这位和蔼的斯威尔伯格先生，德国褐煤公司经理，骄傲地站在一只他刚刚打死的健壮雄鹿旁边，还有一缕柔和的阳光照射到这位亿万富翁的身上。这短暂的静谧只是错觉，斯威尔伯格是犹太人，希特勒不会网开一面的。记者毕辛格1951年报道称，斯威尔伯格“于1933年在那个‘生产合作者’弗里茨•蒂森的帮助下得以离开德国”，逃到了瑞士。

回到上面提到的，蒂森于1939年8月在巴德加施泰因收到的第二封电报。电报中埃森地区的纳粹党头目泰尔波文邀请蒂森到柏林去参加1939年9月1日在克罗尔歌剧院举行的帝国议会会议。而14天前签署的《苏德互不侵犯条约》引起了蒂森的恐惧，战争迫在眉睫。非常明显，这次大会是表决同意发动战争。这位工业家表现出了他的伟大：他拒绝参加。晚上9点钟，他向帝国议会议长戈林发了以下这封电报：“收到埃森地区党组织负责人让我飞往柏林的邀请，由于健康状态欠佳，因此不能前往。我认为某种方式的停战有可能帮助我们赢得时间，我反对战争，战争会使德国在原材料领域依赖俄国并失去世界强国的地

[1] 黑彼得，扑克牌中一张。有一种玩法，谁到最后还拿着印有黑彼得头像的那张牌，谁就输了，要受到脸被涂黑的惩罚。

位。署名：蒂森。”在这方面，父亲是不是还在继续影响儿子？1914年，奥古斯特•蒂森在他的回忆录中盼望法国的矿区、比利时以及克里米亚和波罗的海各省的原材料供应商要归德国所有，以保证德国作为世界强国的地位。他的儿子弗里茨•蒂森，正如其在1939年所承认的，感到迷惑和害怕。他预料到了一种“希特勒式的疯狂”，可是他不相信自己必须离开德国，因为他只是履行了他作为国会议员的职责。

在第二天，即1939年9月1日，他还拒绝了包括他的女婿的建议：一起在收音机旁听“历史性的帝国议会会议”实况转播。在那个会上，那些议员们同意了希特勒入侵波兰。似乎他不想听到真相，他的女婿茨希让他回到了现实：“希特勒宣布，德国军队已入侵波兰。这意味着战争已经爆发了。希特勒还说，谁不和他站在一起，谁就是叛徒，将以叛徒论处。”蒂森后来对此评论：“这句话是对我的电报的回应。现在不能再留在德国了……我的妻子和女婿一致同意离开这个国家。”“要不是我的孩子们肯定会成为德国秘密警察手中的人质的话”，他是决不会离开德国的。1948年，他的女秘书谈到，整个家族是如何苦苦哀求蒂森逃离德国。女婿茨希说：“父亲，您无论如何都要离开！”妻子阿梅莉•蒂森在这位女秘书面前大声叹息：“我们终于说服我的丈夫，现在他同意离开了！”直到出发前，蒂森才向他的女秘书透露他的企图：要在国外宣布希特勒是怎样欺骗人民的。

9月2日夜里，蒂森指示他的司机：“做好一切准备，朝大钟山的方向长途远行。”至于真正的目的是逃往瑞士这一点，他没有向司机透露。他和妻子乘一辆车，女儿一家乘另一辆。“我们于9月2日早上7点出发，没带行李，就像去郊游一样……在第一个瑞士的村庄雷普瑞瑟停下时，我们得救了。”

9月12日，一家法国广播电台首先发布了这一轰动事件：前纳粹分子蒂森逃亡了。伦敦的广播电台BBC在它的德语频道也报道了这条消息。在德国，却有人试图将这次逃亡及其原因掩盖下来。宣传部长戈贝尔甚至公开“辟谣”：一位劳累过度的工业家到外国度假休养是很正常的。然而，真相无法被掩盖。真相让记者们激动不已，尤其是美国、英国和法国的记者。采访蒂森，那就是热点新闻！有一位办到了。埃默里·瑞夫斯狂喜地写道：“我参与了争取这个故事的竞赛，我赢了。”瑞夫斯在巴黎领导着国际新闻社联合出版公司，该出版公司在全球400多家报纸上发表了丘吉尔、莱昂·布卢姆和安东尼·艾登等重要政治家的观点。

瑞夫斯和他的同事在巴黎的一个酒店会见了蒂森。第一次见面时蒂森就催促将他写给戈林和希特勒的信公开发表，那些信是导致他与纳粹决裂和他逃亡的原因。蒂森和瑞夫斯经常见面，上述这些信件被刊登在法国、英国和美国的报纸杂志上，其中包括《生活》杂志和《巴黎晚报》。即便身处国外，蒂森也知道自己将面临危险，但是他还是将他对纳粹的指控向全世界公布。例如，“尽管我被指控为叛徒，我还是要反对这项政策并坚持我的观点。”他回忆起那场消极抵抗，他在1923年组织的非武装运动拯救了莱茵和鲁尔两个地区。他列举了导致他背弃纳粹的原因："对我迄今仍无比忠诚的天主教进行恶意诽谤……在1938年11月9日以极其懦弱和残酷的方式对犹太人进行洗劫和折磨……"关于纳粹分子的政策，他多次说："就是基于实用主义政治，这种政策也无异于自杀……"

蒂森的逃亡路线接着到了琉森和蒙特卡罗，瑞夫斯及其男女秘书随行。在短短几周里，瑞夫斯试图尽可能多地了解蒂森。当时，事情似乎有了保障。瑞夫斯对他之后报道的真实性作了保证，但是蒂森后来说有不正确的地方。瑞夫斯的版本：当他们在一起的时候，早上9点30分开始交谈，蒂森大部分使用法语口述，三小时后结束。记下的速记稿在晚上交给蒂森，他通读速记稿，纠错，然后确认稿件。包括这些极有分量的谈话："当希特勒被提名当总理后，冯•克虏伯先生成了超级纳粹。"蒂森不否认说过这话，但他表示他没有进行过口授。"这样或那样的各种事情他绝不会写进书里。"对此，他与古斯塔夫•克虏伯都是对的！真实情况是：蒂森和瑞夫斯计划出版一本关于"这场世界危机中非同寻常的历史"的书。

1940年5月的最后几天标志着这一历史的转折点。蒂森和瑞夫斯认为，他们的工作差不多结束了。瑞夫斯谈到，书的前半部分已获得了蒂森的认可；书的后半部分蒂森已完成口授，但还没有通读口授稿，因此也不能给予确认。这时候发生了以下情况：瑞夫斯必须去一趟巴黎，他要查证一下蒂森书稿里的几个数据。德国军队在法国色当突破了防线。瑞夫斯匆匆逃往图尔斯，然后前往波尔多，最后乘一艘商船到了伦敦。许多东西他都没能带走，但有一样他始终带在身边，那就是蒂森那本书的底稿。

在伦敦，瑞夫斯很少被过多地问及蒂森在哪里。瑞夫斯、出版商和编辑们查证了书中的事实。所有人都想在书中见识希特勒曾经的支持者的陈述，但没有人找到蒂森的逗留之地。瑞夫斯拒绝将书稿交付出版。他离开了伦敦，并前往美国。在美国他也面临尽快将蒂森的陈述出版付印的压力。而这时蒂森已经在德国秘密警察手中了。也有其他人认为蒂森已经在一个集中营里了。没人知道的是：蒂森和妻子阿梅莉其实是作为囚犯被关押在新巴伯斯贝尔格的一家精神病院里。

当蒂森在逃亡过程中行动还比较自由的时候，在1939年9月末他被反复告知，如果他回到德国，将不会受到惩罚。纳粹分子可以说是竭尽全力地企图消除他曾经是工业家榜样和有见解的重要人物的形象，现在把他说成是一个叛徒。政府把自己的意见完全地强加于蒂森，而蒂森依然很顽强。他不仅拒绝返回德国，而且还提出要求："要向德国公众做出解释，我是作为帝国议会议员表达了反对战争的意见。如果其他议员也有同样的意见，应该将他们的表决公之于众。"这是比他那份表明不去参加帝国议会会议的电报还要尖锐的挑衅。他会做出如此反应，也许和他受过严格的天主教良知训练有关。蒂森还有更清楚的表态。1939年10月1日，他给赫尔曼•戈林写了一封长信，在信中他称自己为纳粹的敌人，他把已经开始的战争称为灾难，并且他还要求："无论如何，德国必须重新重视宪法的权威性，只有这样，合同、条约、法律、秩序才能重新具有价值。"如果纳粹主义者的政策（即已经开始的战争）遭到失败的话，这将意味着“德国的末日”。返回德国，“就我而言，这是愚不可及的，因为有那些前车之鉴，例如1934年政治对手遭遇的命运”。蒂森指的是对冲锋队头目的谋杀行动，这种谋杀方式是没有改变的。对此，他五年来产生的厌恶感已经变成了敌意。1940年4月，蒂森将他与纳粹主义划清界限的信交给了国际新闻界。

1939年11月，蒂森被纳粹党开除。一个月后，他的财产被没收。在一份公司文件中，被没收的财产被这样划分：“弗里茨·蒂森名下拥有价值900万帝国马克的股份，占蒂森股份有限公司（Thyssen & Co. AG）总股份价值1500万帝国马克的五分之三，他的股份归普鲁士国家所有。蒂森股份有限公司于1940年更名为莱茵-威斯特法伦工业联合有限公司，1943年又更名为普鲁士有限公司。这家公司此后接管了共同持有人汉斯·蒂森和朱利乌斯·蒂森的600万帝国马克的股份。蒂森股份有限公司的子公司奥古斯特·蒂森冶炼厂（August Thyssen-Hütte）和矿业联合公司都被普鲁士矿业联合公司改组接管了。”当时他们持有联合钢铁公司大约1.25亿帝国马克的股份，约占总股份的27%。这样，普鲁士国家通过剥夺弗里茨·蒂森的财产就成了联合钢铁公司的最大股东。

在蒂森及家人拥有自由并且还是德国公民的时候，弗里茨·蒂森对作为一个德国人而感到十分自豪。1940年2月，纳粹分子想在这一点上打击这位民族主义者，他们剥夺了蒂森和他妻子的德国公民权。弗里茨·蒂森对侵占财产的决定也殃及他妻子的财产感到十分愤怒，因为“她从未犯下过亵渎帝国的罪行”。他也不理解为什么要剥夺他妻子的德国公民权，因为“她从未参加过任何反对帝国的政治示威活动”。

蒂森一家现在相信，只有逃亡到海外才能避免被德国秘密警察抓捕，于是便开始筹备移居海外的事。一切似乎都很顺利。1940年4月初，这对夫妇收到了美国驻巴黎大使馆入境美国的文件，想要经美国前往阿根廷。意大利外交部长保证其自由通行，以便让这对夫妇能够通过热那亚乘船去美国。女儿阿妮塔、女婿茨希伯爵以及外孙费德里科这时已经在阿根廷了。在启程的五天前，蒂森发电报请求与他86岁的母亲赫德维希在施德尔贝特见最后一面。他母亲在布鲁塞尔，她在那里与比利时将军罗伊特结了婚。在返回巴黎途中，阿梅莉•蒂森神经高度紧张。在蒙特卡罗，这对夫妇想要休息一下，然后逃往阿根廷。这时，德国军队进入了法国，双方签署了一份停战协议。紧接着，法国当局拒绝了蒂森一家出境。蒂森一家滞留在了蒙特卡罗，德国秘密警察在那里逮捕了他们。虽然尼斯的大主教还保证过：“签署了停战协议的贝当政府绝不会批准引渡他们的要求。”但是法国政府违背了这一承诺。1940年底，蒂森一家结束了流亡生活，他们被交给了德国秘密警察。

在1941年1月2日到1943年11月，这对夫妇被“安置”在波茨坦附近的新巴伯斯贝尔格的一家精神病院。根据曾被监禁在那里的人所说，他们在那里不能思考，这与一个名字叫希恩[1]的博士在那里主持有关。蒂森一家是否有

[1] 希恩（Sinn），在德语中有思考、意识的含义。

精神障碍的问题看来值得怀疑？或者，要蒂森回到到纳粹主义阵营的问题还悬而未决？1941年2月2日，戈林将蒂森接走，并长时间地对他进行劝说，这次谈话没有见证人在场。但在这次谈话后，蒂森还是向一同被监禁的人透露了戈林的无理要求：蒂森应向元首提交一份赦免请求书，并对背弃希特勒表示悔过。然后，他就会被允许回到朗茨贝格城堡，并归还被没收的财产。他和他的妻子申明，给希特勒的赦免请求书意味着对他们的信念的背叛，“我们的荣誉不是用来进行交易的商品”。科尼希施泰因肃清纳粹审判庭对这种坚守给予了很高的评价：“在当事人和他的夫人面临困境，并且知道将来还有更可怕的遭遇的情况下，能够抵制这种诱惑，因而展示出了自己如此强烈的内心坚守和反抗的意愿。公众当然并不知道这些，他们只是对他所犯错误造成的影响感到遗憾。”

蒂森拒绝认错之后便无法逃脱他的命运。1943年底他被送到萨克森豪森集中营，1945年2月被送到布亨瓦尔德集中营，之后又被送往雷根斯堡监狱、达豪集中营，最后随着一批重要人物被转移到了普斯特塔尔。那是在南蒂罗尔一个叫维拉巴萨的小地方（小村子），他本应同其他重要囚犯于1945年4月27日被党卫军处决，包括托马斯将军、哈德尔将军、马丁•尼莫勒牧师（从1933年起，蒂森每月资助他300帝国马克）、银行总裁赫亚玛尔•沙赫特、法国总理莱昂•布鲁姆、奥地利总理舒施尼克等人。一名德国少校阻止了这场处决。很快，美国军队作为解放者到达了那里。

1944年7月20日，暗杀希特勒那天之后，戈德勒和冯•

施陶芬贝格的大部分家庭成员都被送到了布亨瓦尔德集中营。当蒂森夫妇作为“阿梅莉姨妈”和“弗里茨叔叔”被送到了施陶芬贝格等一批人被囚禁的集中营时，受到了接待，可以说是被“收养”了。蒂森曾经教过克莱门斯•申克•冯•施陶芬贝格下过国际象棋。人们背后说阿梅莉•蒂森相当任性，她在努力让自己成为被关押囚犯们的榜样。她为了让“受到重病威胁的丈夫获得较好的生存条件而不懈地斗争”。1943年12月31日，她在一张纸条上向集中营指挥官写道：“尊敬的中尉先生，我要求1月1日去参加圣弥撒，请安排相关的守卫。”这项要求是否得到满足，不得而知。

直到零点以后，战争结束的消息还只有少数人知道。而埃默里•瑞夫斯自1939年5月起就不知如何是好了。瑞夫斯说，他足足等了14个月，以便能同蒂森取得联系，以获得书稿后半部分的授权。在这期间，法文书稿已被译成了英文。当德国军队进攻苏联的时候，瑞夫斯和他的出版界朋友都认为，蒂森的观点可以让许多人对纳粹德国大开眼界。现在是让一个纳粹背叛者的观点公之于众的时候了。瑞夫斯表明，为了稳妥起见，在蒂森生死不明的情况下，他征得了蒂森在阿根廷的女儿阿妮塔的同意，于1941年将这本书出版了。

这本书大获成功！书的内容于1941年在美国杂志《自由》上连载。1942年，该书在智利和巴西出版了西班牙文和葡萄牙文译本，1943年该书在瑞典出版，1947年分别在荷兰和意大利出版。然而，这本书从未以德文出版过。为什么会这样？寻求答案的过程披露出一个又一个的谜团。

从逻辑上看，从1941年到纳粹统治结束这段时间该书不会在德国出版。而1945年以后，似乎没有德国历史学家有兴趣对该书进行翻译、评论，以便提供给一家德国出版社出版。

近年来关于蒂森公司发展史的书籍，包括1991年出版的《道路——品牌之路：百年蒂森》、1969年出版的《火焰从未熄灭——奥古斯特·蒂森冶炼厂，1926—1966》，这些出版物也没有提及蒂森的那本书。

进入21世纪后，人们的想法发生了变化。在官方传记数据资料中，蒂森-克虏伯联合公司的档案中不再隐瞒该出版物。这位先生在政治上曾经误入歧途，但他又勇于改正，这一事实不再隐藏在夸夸其谈的工业史背后。之前仅有一次，是在1954年，这本书曾短暂出现在人们的视野中。在企业自办的报纸《莱茵钢管》上，埃尔赛德教授在谈及此事时一副颇受折磨的样子，好像那是一种沉重的义务。蒂森的遗嘱执行人埃尔赛德，同时也是蒂森遗产的管理人，以及在肃清纳粹审判过程中的辩护人，他说（他故意用了错误的书名和错误的作者姓名）："我也许错误地进行了处理，我想通过以下内容结束我的谈话，不再补充遗忘的部分。在科尼希施泰因的审判中……有一个叫瑞夫斯的作者写的一本书《我是希特勒的赞助人》，起到了极坏的作用。这本书被广泛引用，就好像它是蒂森的书一样。而实际上，这本书包括它的书名、前言及内容的很大一部分都是拙劣的伪造。书的著者瑞夫斯先生在纽约提交了一份相反的宣誓书，但不敢在德国法庭面前对此负责，因为在这里他的一系列伪造会受到谴责。"该书后记中的内容引起了埃尔赛德情绪激昂的申辩，他拒绝承认蒂森是该书作者。他呼吁众人“反对以任何尝试给这样一个英雄般的伟人，这样一个有强烈责任感的人，这样一个有经济洞察力的人，再次打上反社会的企业家、纳粹主义犯罪集团的先锋，甚至是战争罪犯的烙印”。

在审判开始时，弗里茨·蒂森被称为“主要责任人”。“这本书实际上不是我写的，而且大部分是不真实的。”他只修改了前面十页。而其余的部分呢？口授的，讲述的，但没有进行过核实？他说在蒙特卡罗与采访者埃默里·瑞夫斯在“两到三次会面中”只对书的纲要进行过策划。紧接着又突然改为“在四到五次谈话中”。但是瑞夫斯对他没有在这些会面中说过的话也做了收录加工，“并利用了饭桌上的谈话和其他闲聊”。蒂森在审判中特别强调这些谈话的方式，他说他并没有口授，而只是接受了采访，因为这样他才能够更好地集中精力，把他的想法通过谈话表达出来。肯定是瑞夫斯利用了很多这些谈话的内容完成了整本书的写作。

蒂森的陈述几乎提出了这样的疑虑，那就是这本书的完成是建立在蒂森和瑞夫斯之间误解的基础上的。瑞夫斯，这位从事盎格鲁-撒克逊语言的写作高手，吸收了他谈话对象的每一句话，并把它们记录下来。而保守的蒂森，对这种媒体运作很陌生，所以会声明这本书“不是我的脑力劳动的成果”。对他来说，这本书“是瑞夫斯先生的作品”。那么书的内容属于他吗？蒂森在特别法庭面前这样说过，瑞夫斯及其同事采访过他，还利用了他在餐桌上的谈话和其他闲聊。他还说：“我并非宣称所有内容都是假的……我只是想说，根据我的记忆，我向他讲述的内容并非全部都被写进了书里。”而且，“书的其余部分是根据瑞夫斯先生的记忆写的”。蒂森从未说过，书中的内容他没有谈到过。他总是这样说，他没有进行过口授，因此这书不是他写的。如此看来，这本书是瑞夫斯“调和”而成，并非完全编造。

关于这本《我资助过希特勒》的作者是不是蒂森的问题并没有引起东西方的历史学家的重视。1971年，著名的美国经济史学家亨利•阿什比•小特纳得出这样的结论：这本书不适合作为可靠的历史资料，“但对于了解一位在纳粹主义盛行的30年代早期为拯救祖国而进行斗争的工业家的精神气质，也许非常有启发”。早在纽伦堡审判准备过程中的证人提问阶段，蒂森就否认自己是这本书的作者，他只是向瑞夫斯提供了“一系列信息”。至于书中那些信息是否准确，他不知道，因为他从未读过那本书。1949年，另一位美国历史学家对该书进行了近乎细致入微的调查，并得出他的观点：瑞夫斯的陈述是属实的，而蒂森的不全是。小特纳反复指出：“如果不是蒂森扭曲了事实，就是他的记忆力非常差。”

蒂森在1948年肃清纳粹的审判中认为自己是无罪的。那么他是不是狂热地支持过希特勒？他是不是通过激烈的、对外界来说是突然的方式与第三帝国的领袖们及其思想决裂，并通过逃亡和坚持成了政治观念转变者的榜样？对于纳粹剥夺他的德国公民权，以及后来被关押在纳粹集中营，他于1948年在陶努斯这样评论：“纳粹自己已经将我非纳粹化了。”对于蒂森来说，“这一切仅仅是形式上的东西”，对此他一笑置之。《明镜》观察员认为，这位老人“对整个肃清纳粹分子的审判理解不正确”。也可能弗里茨·蒂森本来就是一只狡猾的狐狸。另外，他也完全没有想到，是一个杰出的律师团队成功地帮助了他。

“我不主张蒂森无罪”，当时的公诉人说。但审判的结果是蒂森不再被认为是主要罪责承担者了。他在1945年先被美国人解放，随后再次被关押到铁丝网后面。三年后，他在美国拥有不止一个好朋友。他说：“今天，我与美国人相处得很好。”1948年6月，在蒂森刑满两个月之前，美国很有影响力的参议员布尔通·克·威勒到了德国。有传言说，他想把弗里茨·蒂森从肃清纳粹审判的困境中解救出来。一次补救行动？通过美国人的帮助被解放后，那些在普斯特塔尔被关押的大人物被送到了卡布里岛（在意大利那不勒斯附近）去休养。在卡布里岛，他们像英雄一样受到了款待。不久之后，他们当中许多人又重新被逮捕，也包括弗里茨·蒂森。阿梅莉·蒂森被释放后，去了慕尼黑她的小姑子（弗里茨的妹妹）赫德维希·冯·贝尔格-蒂森男爵夫人那里。这意味着，她没有被送到难民收容所。

蒂森被重新囚禁起来，现在是被他的解放者关押。纳粹将他从法国逮捕后，一直将他关押。他呆过三个监狱，在其中一个他完全崩溃了。“面包……像喂牲口一样被扔过来”，这是他后来所写的。其中有两次，牢房仅有三米宽，木板床没有床垫和被子。73岁的老人被送到了陶努斯海姆医院。“根据军事当局的命令，德国医生必须用假名为我医治，用的假名是古斯塔夫·萨克。他们这样做，是为了保全自己，万一我由于粗暴的治疗而死亡，那么他们就会宣布，死亡的不是弗里茨•蒂森，而是一个从未存在过的古斯塔夫•萨克。”蒂森还没有完全康复就被载重卡车运回了纽伦堡的监狱。在那里，他不是作为战犯面临审判，就是作为证人参加针对联合钢铁公司诉讼程序（蒂森在逃亡之前是这家企业的理事会主席），这些诉讼没完没了。

1946年12月10日，阿梅莉•蒂森写信给美国占领区的军事长官克莱将军，她感到给他写信并非易事。“因为我们对人性和正义有不同的见解，但是我丈夫健康状况的恶化使我不得不……我问您，你们到底打算怎样处置我的丈夫？你们要他在精神上和肉体上都被彻底毁灭吗？无论如何你们没有任何权利把他攥在手里。自1933年他认清纳粹犯罪集团的时候起，他的整个立场是无懈可击的，而且堪称典范。而现在，当他在纳粹的精神病院和集中营度过四年半之后，他却被视为罪犯。我们对于美国人带来的备受赞誉的解放有着另外的想象，但现在我根本不能相信理智，因为人的最基本权利遭到了践踏。现在，我向您请求，将军先生，做您应该做的一切，让我的丈夫获释，并让我们作为无国籍人士获准离境，以便我们最终能够到阿根廷与我们离散七年的女儿团聚。”

弗里茨•蒂森获释被送到科尼希施泰因的疗养院，并被转移给“黑森州主管政治犯释放的部长”，他负责主持针对蒂森的肃清纳粹分子的强制性审判。直到1948年之前，蒂森一直是肃清纳粹特别法庭的“主犯”，每天必须到警察局报到。法官在最终判决的时候，更看重他公开与纳粹主义分道扬镳，他通过国际媒体在全世界公开谴责纳粹领导人，以及他对战争的警告，而不是他思想上和财务上曾经对纳粹的支持。最后的判决是："罪行较轻。"

蒂森仍然在科尼希施泰因受罚。他必须缴付他在德国财产的15%。这笔钱从哪里来？他的财产已经被纳粹分子没收了。事实上，不是被纳粹分子而是被普鲁士没收了。具有讽刺意味的是，正是蒂森曾经非常了解的赫尔曼·戈林没收了蒂森的财产。1939年和1940年间，戈林正好担任执行财产没收的普鲁士内政部长。20世纪40年代末，对蒂森来说很幸运。他从普鲁士自治邦法律事务的继承者北莱茵-威斯特法伦州[1]收回了他在德国的财产。北莱茵-威斯特法伦州支持工业家蒂森，因而非常支持他的企业，这对该州战后经济的重建至关重要。1948年，在蒂森看来，这些考虑显然带来了希望。在回答特别法庭审判长关于收入和财产的问题时，他回答："没有收入……我的财产被剥夺了。"如果他没有财产，那他何必在科尼希施泰因留下遗嘱呢？蒂森说："那是因为希望能收回财产。"

在被纳粹和盟军囚禁8年后，弗里茨·蒂森终于在1948年10月重获自由。他贫穷吗？他在外国的财产，主要在南美洲，是通过他在布宜诺斯艾利斯的女儿保留下来的。在

[1] 历史上，普鲁士王国统一了除奥地利外的德意志各邦，1871年建立德意志帝国(第二帝国)。1919年通过《魏玛宪法》，普鲁士成为德国地方自治邦，其领土即原普鲁士王国的疆域。1933年纳粹上台，废除德国地方自治制度。1947年2月25日，同盟国军事委员会下令废除普鲁士建制。其领土由英、法、美、苏四国占领。1949年成立的德意志联邦共和国，在原普鲁士部分领土上成立了北莱茵-威斯特法伦州。蒂森的财产被没收时交给了当时的普鲁士自治邦，退还给他时由北莱茵-威斯特法伦州执行，遵循的是普鲁士的法律而不是纳粹帝国的法律。

开始逃亡之前，他把所有财产留给了女儿和两个孙子。现在，他想到他女儿茨希-蒂森伯爵夫人那里去。在德国他已经一无所有。尽管弗里茨·蒂森身处逆境，但他的确还是个商人。在面对特别法庭的问题，即他有权获得《我资助过希特勒》这本书的稿酬时，他说，他不想拿这笔钱。但在审判结束后，按他的要求，他获得了1940年4月签署的合同中规定的那本书的稿酬，可他仍然总是说那本书不是他的。历史学家小特纳指出，蒂森的作者稿酬份额足够用来支付他在被德国秘密警察囚禁他十年之后于1950年1月前往阿根廷的旅费。同年5月，一项军政府的法令颁布了：矿冶工业的拥有者和债权人应该得到相应的补偿。蒂森终于收回了自己的财产。但九个月后，他便去世了。

1948年的时候，特别法庭庭长问他靠什么为生，靠什么支付计划中的旅行的费用。他说："我有朋友，他们会为我提供支持。"他过去的秘书却说："蒂森没有朋友，他是一个特殊的有性格弱点的人，人们无法和他建立友谊关系。"罗伯特·埃尔赛德博士，科隆高等法院辩护律师，荣誉教授，他是蒂森的朋友。他后来成了蒂森的遗嘱执行人，并为蒂森夫妇支付了位于巴特霍姆堡的公寓房租。蒂森一家的钱已经用光了。

一页影印手稿对有利于蒂森的判决起到了关键作用。手稿加强了法官对书中蒂森之言的怀疑。当《我资助过希特勒》这本书1941年在纽约付印的时候，埃默里·瑞夫斯非常自信，他想公开表明他是多么正确。纽约版第240页是法语原始手稿的影印件，上面有许多蒂森手写的改动部分。不过伦敦版将这页手稿影印件放在该书的第14页，但是绝大部分蒂森标出的删除和增补部分都没有被纳入最终实际印刷的版本中，而最终印刷版是从法文翻译成的英文。对蒂森进行控告，这本书是最重要的证据。公诉人宣称：这本书真实可信！这样他就使自己处于一个尴尬的境地。除了这一页影印件作为原始手稿出现在书中外，再也找不到一页其它的原始手稿展示。因此，没有证据表明这本书是“所有内容都是根据原文撰写的自传”。法官们也倾向于认为该书的内容缺乏真实性。蒂森对书中许多重要地方提出的异议于1945年在纽伦堡得到了司法证实，这本作为起诉证据的书在1948年没有得到特别法庭的重视。因此，最后对他进行了轻罪判决。有几个批评家说这是“非纳粹证书”。

特奥·高迪希就是那些批评者当中的一员。特奥·高迪希与蒂森一生中见过两次面，两人都是鲁尔河畔米尔海姆市的市民，特奥·高迪希是工人和共产党员，而弗里茨·蒂森是企业主、百万富翁。20世纪20年代初，特奥·高迪希是位于埃森的克虏伯公司的一名车工，在一次上夜班的时候，他用镁光灯给自己照了一张相，尽管他因违反规定被立即解雇，但他自拍的在车床前的照片成了《工人画报》封面的照片。这张照片现在成了最重要的工人照片文献之一。

在20年代中期，高迪希的父亲是米尔海姆市议会里的一名共产党议员。而弗里茨·蒂森是中央党的议员。高迪希的父亲在离鲁尔河不远的蒂森别墅的附近建了一所房子。在一个星期天，高迪希父子为修建他们的小房子拖着一个铁架子穿过树林，这时迎面碰到了骑着马的蒂森。高迪希父子与弗里茨•蒂森进行了长时间的畅谈，他们友好地谈论了政治、天气和邻居间的事情。高迪希忘记了这件事，直到他作为反纳粹者被囚禁在布亨瓦尔德集中营，在这里，他所住的房子紧挨着蒂森的房子。但弗里茨和阿梅莉夫人住的是大人物所住的房子，这些房子建在死亡栅栏之外。在老年时候，高迪希得知蒂森写了一本《我资助过希特勒》的书，于是将它翻译成了德文。他将翻译稿印了20本，并把它们寄给了他认为重要的机构。难道这就是那本捉摸不透的书得以传播的唯一德语版本？特奥•高迪希认为弗里茨•蒂森是有罪之人，他认为蒂森是希特勒的资助者。直到2002年，他已经94岁高龄，年轻人认为他头脑还清醒的时候，他仍然坚持自己的观点。

5. 联邦总理热情推荐：弗里茨·蒂森基金会

联邦德国总理充当了教父。康纳德•阿登纳博士与传说中的钢铁王国创建者奥古斯特•蒂森早就保持了友好关系。1959年，阿登纳作为联邦德国政府首脑为弗里茨•蒂森基金会的成立颁发了高等级的波恩政治贡献奖。“由于私人对科学赞助具有重要意义”，他以极大的热情促成了这个基金会的诞生。这是德国资本主义复兴后的第一次大型社会活动，让世界惊愕不已。在美国、英国、法国、瑞士、阿根廷，在所有西方各国，甚至包括前民主德国（东德），对这条新闻的反响都十分巨大。记者托马斯•克林格尔将这个基金会的建立评价为“德国历史上的第一次”。然而，就像这个家庭的家族史中经常发生的那样，良好的行为后来也被各种纷争蒙上了阴影。弗里茨·蒂森基金会，在赐予它名字的人逝世之后，使这个人的生命价值又得到了提升。这是第二次世界大战之后所成立的第一个大型独立私人基金会。在其成立29周年之后，根据分析，其活动仍然有着最高水平的社会影响力。基金会的参与者是这个创始家族的后代，以及据说是非常知名的德国企业的头面人物。1988年，基金会由以下问题引起纷争：谁对富有的基金会具有决定权，谁对数量可观的蒂森股份拥有支配权。两位女捐赠者中的一位——阿妮塔·茨希-蒂森伯爵夫人甚至担心自己可能被“排挤出局”，她抱怨“自己并不是要捐出大笔财产，让那些自命不凡的经理人过度地掌握它们，作为其政治经济方面的权力工具”。

1961年7月，德国电视台播放了基金会成立的新闻，那是在基金会已经成立了一周年的时候。罗伯特·普法德门厄斯博士，阿登纳的密友，也是“粗棉小集团”的成员，而首先，他还是蒂森最老的朋友，在当时联邦德国创造经济奇迹的过程中起了重要作用，他也是总要被提到的少数几位私人银行家之一。他在摄像镜头前预言，这个基金会的成立“对德国公众来说有着特殊的意义，肯定会得到普遍的赞同”。事实上，两位慈善家夫人，阿梅莉·蒂森和她的女儿阿妮塔·茨希-蒂森伯爵夫人，她们是一家最大的工业资产的继承人，为了促进科学技术的发展，从私人财产奥古斯特·蒂森冶炼股份公司的股份中捐赠了价值一亿马克的股份，这笔财产在基金会成立当天的证券市场上价值2.7亿马克。

正如许多旧时在重工业所在地鲁尔区有重要意义的名

字一样，蒂森的名字也在从鲁尔河到莱茵河流域的地区广为流传。为基金会捐赠的两位夫人选择了科隆作为基金会总部所在地，这里也是银行家普法德门厄斯的工作地点。这个基金会在成立之初与蒂森家族有很深的联系，也与政治捆绑在一起。基金会同时也是联邦德国战后经济史中活生生的见证者。在基金会成立的两个月前，阿梅莉•蒂森告知了联邦总理阿登纳她的最终计划。她认为定于1959年12月成立基金会十分有意义，这个时间使人想到十年前蒂森还在世的时候，人们为成功阻止拆除位于杜伊斯堡的奥古斯特•蒂森冶炼厂而进行庆祝的那段美好时光。另外，在1959年1月，阿登纳激发了蒂森的遗孀阿梅莉的热情，他在给她的信中写道："在我们上次谈话中我提到过有重要的工业家……他们将自己全部或部分的财产投入到一个基金会里。"一年之后，他在一个与新闻记者一起参加的茶话会上揭开了秘密，说蒂森的遗孀和女儿已经准备分别捐赠各自财产的3/4和1/4共计价值1亿马克的股份资产给德国第一个私人基金会。与此同时，阿登纳这只狡猾的狐狸又让这些新闻记者对以下消息严格保守秘密：矿冶工业联盟拒绝继续将钢铁巨头蒂森公司和凤凰-莱茵钢管厂进行合并。这样，阿登纳就可以心安理得地将自己打扮成透露新一代金钱贵族们事情的人，并让这个新基金会的光彩照在自己身上。想得到作为提议建立这个基金会的第一人的荣誉，以及争当那个说动蒂森遗孀的人，其实在当时还大有人在。例如蒂森股份公司监事会第一任主席库尔特•比恩巴赫，他就声称这个振奋人心的想法是他提出来的。他在1977年声称，早在1954年他就建议成立一个在"遗孀资本主义世界”十分重要的基金会，这一提议“得到了康纳德·阿登纳某种程度的支持并在后来得以实现”。在基金会成立一年之后，阿登纳生气地抱怨在基金会的章程中缺少“基督教保守的世界观”。

弗里茨·蒂森的主要继承人对德国总理心存无限的感激。阿登纳反对盟国拆毁德国工业设备的政策，他通过娴熟的谈判进行了积极的抵抗。在重建奥古斯特·蒂森冶炼厂过程中，他提供了具有决定意义的政策支持。当冶炼厂根据占领当局颁布的法律第52条要被废弃的时候，1946年10月开始发生的事件使企业家和工人们坚持团结一致。这完全是一部充满了眼泪和愤怒的德国长篇小说：钢铁工业的所有财产都将被没收，冶炼厂的设备清单中的一切，包括高炉、钢材处理、轧钢设备都将被拆卸，然后被运送到二战中的三个战胜国。

英国政府是这样考虑的，冶炼厂在他们的占领管辖范围内，对于一个只有农业经济的战后鲁尔区，蒂森冶炼厂的存在不合适。1948年初，热切割机就要开始拆毁厂里的设备。在杜伊斯堡的布鲁克豪森，拆毁工作已经开始。在其它的工厂，首先是工人们拒绝将他们工作场地变成废钢铁堆积场。在鲁尔河与莱茵河流域，恰好有在蒂森的领导下进行反抗的传统。蒂森冶炼厂以及那里的反抗成了整个德国反对拆卸机器设备，反对毁坏德国生产场所的护卫斗争的象征。新成立的北莱茵-威斯特法伦州政府也进行了抗议。1949年4月，社会民主党主席、传奇人物库尔特·舒马赫在杜伊斯堡愤怒的工人面前发表演说。各界的抗议活动已蔓延到战胜国所控制的各级政府，同时，抗议活动也在企业领导层中间展开。莱茵-鲁尔地区的教堂都在举行祈祷活动，这些祈祷中，主祷文的第五项请求成为重点：“祈求主赐予我们每天的面包！”联邦政府展开的谈判与民间抵抗活动的互相配合使抗议活动最后取得了胜利。1949年11月24日，联邦总理阿登纳在一次群情激奋的联邦议会上，当众挥舞着一份来自杜伊斯堡的电报：“位于哈姆波恩的奥古斯特•蒂森冶炼厂的矿业联合公司领导和企业家代表衷心感谢这场拯救行动，这一行动极大地鼓舞了我们。”

在冶炼厂面临被拆毁的危机时，弗里茨•蒂森正被关在监狱里。他表示，如果战争胜利者终止拆毁奥古斯特•蒂森冶炼厂使其变为废钢铁的行动，他愿意为这座由父亲建立的工厂而放弃一切。阿梅莉•蒂森也表示，她的丈夫“准备为阻止拆除工厂……献出全部财产”。父亲奥古斯特承认，冶炼厂是儿子弗里茨的全部生活。埃尔塞德教授，蒂森的遗嘱执行人及阿梅莉的全权代表说，根据弗里茨•蒂森的意愿，他愿意为此交出一切。弗里茨•蒂森应该在一次监狱探访中委托过他。1949年12月20日，阿登纳成了阿梅莉•蒂森的客人。人们在工厂最大的大厅里庆祝终止拆除行动。这个男人也放心不下这座工厂，例如在1955年7月，当德国第一座热轧机组建成的时候，他和社会市场经济之父——教授路德维希•埃尔哈德博士就坐在庆祝落成仪式的第一排。这座热轧机组的建成帮助了德国钢铁工业，它再次动摇了外国的竞争意图。

1959年，银行家普法德门厄斯对基金会成立的背景总结道：“按照两位捐赠者的意愿，这个基金会是为了表达对企业领导层和全体员工的感谢和赞赏，感谢他们在工厂因战争和拆毁行动而面临重重困难时所做出的伟大贡献，特别是为奥古斯特•蒂森冶炼厂。通过设立这个基金会，两位捐赠者也想对联邦政府和北莱茵-威斯特法伦州政府在重建工作中给予的支持表示她们的感谢。”阿梅莉•蒂森和她的女儿阿妮塔自然想自己管理这个基金会，并且“她们要让基金会能够有助于促进德国的大学和高等院校的发展，有助于促进科学研究，让年轻一代从中获益”。

虽然母亲和女儿是基金会的共同捐助人，但是在与周围的管理和咨询人员打交道的时候她俩的意见并非总是一致。克林格尔写道，母亲阿梅莉在与“资产管理人员和咨询人员的交往中感到难以忍受”，“而年轻的蒂森继承人却时常和他们打成一片。当吉勒莫•温特哈尔德男爵一再用钞票去宠惯那个他熟悉的、称其为‘福斯塔夫’[1]的人，或者开着一辆借来的深绿色的梅赛德斯-600在高速公路上呼啸而过的时候，同行的人就已经知道，下一次母亲和女儿的会面可能会比上一次更难”。

顺便说一下令人头疼的事情。哪里来的这面值1亿马克的奥古斯特•蒂森冶炼厂的股份？在1959年基金会成立时它们还不曾存在呢，因为在法律上还没有完成公司的分配。据报道，卢森堡矿业工业联盟当时还一直反对这两个钢铁巨头——凤凰-莱茵钢管厂和奥古斯特•蒂森冶炼厂进行合并。直到1964年，建立这一新的德国钢铁巨头的方案才得到批准。阿梅莉•蒂森和女儿阿妮塔手下有一些虽不

---

[1] Falstaff，莎士比亚戏剧中的人物，肥胖、机智、爱吹牛。

总是谦虚但总是很聪明的顾问，按照这些顾问的建议，凤凰-莱茵钢管的股份使用权将会过户给基金会，而这就是蒂森遗孀阿梅莉和她女儿的财产。采用法律上的技巧，就像细致入微的博士后工作，这些新一代的德国金钱贵族的顾问们就这样给蒂森的名字镀金，并帮助蒂森企业获得新的名誉和光环。

银行家普法德门厄斯在公众面前对基金会赞不绝口，以证明自己在经济奇迹中处于财富中心的位置。“随着弗里茨·蒂森基金会的建立，德国的一个工业家族走上了一条美国私有财产拥有者花了几十年来开辟的道路。……伟大的工业企业在我们的社会和经济秩序中承担了特殊责任。这些企业内部发生的变化，将会对企业外部的整个公共生活产生影响。今天，一个企业的社会责任不应该只局限在全体员工的社会效益和企业的社会形象方面，还应该包括尽可能地参与更大、更紧迫的社会任务。蒂森女士就是想通过建立这个基金会来展示这种承担社会责任的决心。如果她们能够通过基金会为促进科学研究做出有效的贡献，那就是她们最大的满足了。”

两位捐赠人多年来体验着这种满足感。但是，在1988年，阿妮塔·茨希-蒂森伯爵夫人看到基金会的章程受到了危害。她甚至认为，基金会的理事们可能不再严格地以促进科学进步作为基金会的唯一目的了。当79岁的律师请求科隆政府首脑约瑟夫·安特威普斯作为代表政府的监事进行干预时，基金会的运作能力受到了严重妨碍。因为“资金只能用于基金会章程规定的目的”。为什么捐助者茨希-蒂森夫人要让她的律师在1988年将此事公之于众，其原因之一就是基金会的资金用在了美国的一个非常昂贵的演讲会而不是用于科学研究。5万马克给了大会的主要演讲人美国国务卿亨利·基辛格，那是一笔数额很大的现金。最后，1988年2月，批评者发现，基金会董事们这个小团体都在“利益捆绑”中堕落了。阿妮塔·茨希-蒂森伯爵夫人的全权代表库尔特·比恩巴赫，他和埃尔赛德教授以及其他董事都是基金会创会董事，他们几年前还对基金会的宗旨赞不绝口：“我们有理由对弗里茨·蒂森基金会的精神境界感到自豪。”然而就是他，这位茨希-蒂森伯爵夫人曾经最信任的朋友，于1987年12月去世后，紧接着在1988年初就有人私下里议论，他第一个违反了基金会章程规定的权力，并绕过了茨希-蒂森伯爵夫人去推行基金会政策。

1984年开始的所有这一切，使人感觉到似乎存在着一种怨恨。据说，由于一笔在美国的业务而引起的损失，德意志银行和安联保险公司一致同意，不再与蒂森公司董事长迪特·施贝特曼续签合同，因为他已经丧失了信誉。可是捐助人阿妮塔·茨希-蒂森伯爵夫人的小儿子克劳迪奥·茨希-蒂森伯爵却努力坚持让施贝特曼的工作时间延长5年。蒂森的继承人克劳迪奥大概准备结束“监事会中几位先生的争斗”，那几位先生发起了取代施贝特曼的对手并推选施贝特曼的朋友君特·福格尔桑进理事会的行动。

基金会的股份表决权在60年代初以前都掌握在两位女捐助人的手里。两位夫人在此之前只给予基金会蒂森公司一百万股份的使用权。可是到了60年代初期，两位蒂森继承人开始将她们对蒂森股份的表决权转让给基金会。这时，阴谋诡计看来似乎开始萌芽了。在七人的董事会里，包括博世公司总经理汉斯•L.默克尔、拜尔公司总经理赫伯特•格吕纳瓦尔德、担任多个机构监事会监事的君特•福格尔桑，以及蒂森公司总经理赫伯特•施贝特曼，这种高等级的圈子似乎把捐助人“挤到了边上”。1988年2月的《明镜》写道：“各个职位由现有的监事自己选举担任，按基金会章程的规定，不需要听从伯爵夫人。”两位夫人及其家庭的意愿是，让儿子克劳迪奥拥有已经空出来的监事会席位，但是被拒绝了。这些总经理先生们又请来一位担任多家机构的董事到他们中间，那就是鲁尔燃气公司老板克劳斯•里森博士。里森博士多年来同时在多个基金会监事会担任监事，因而成了一个成功的慈善家。到了21世纪初，这个人主要的兴趣转向了艺术和人文科学。蒂森家族的成员克劳迪奥没有成为基金会监事，而是这个克劳斯•里森博士，在这个男人的圈子中成了七人监事会的主席和发言人。

克劳迪奥•茨希-蒂森伯爵1988年承认，他首先是对施贝特曼“在人性方面感到特别的失望”。茨希-蒂森伯爵还为他在蒂森联合企业董事会的位置“斗争过”。施贝特曼不仅仅只是投票同意鲁尔燃气公司老板里森进入董事会，而且还坚决要求克劳迪奥的母亲撤回让其儿子作为董事候选人的要求。克劳迪奥•茨希-蒂森伯爵说：“真是不该捐这些财产，否则不会受到这样的对待。……再没有比这更厚颜无耻的了。”1987年12月，克劳迪奥和费德里科兄弟俩从布宜诺斯艾利斯飞到杜塞尔多夫去实地了解情况。施贝特曼将两人请到自己家里吃饭，他闭口不言关于基金会方面难堪的事情，却大谈男士服装的价廉物美。例如，大谈施贝特曼那件8000马克的西装。就连他个人将来的打算也成了谈话的内容。1990年他从蒂森联合企业董事长的位子上退下来时，还指望得到蒂森家族的支持：想担任蒂森联合公司的监事会主席。结果没有当成。

令人痛苦不堪的事情做得太过分了，兄弟俩回到布宜诺斯艾利斯后还看到一封来自基金会的信：克劳迪奥伯爵对德国基金会事务不熟悉，他不了解科学的结构和情况，以及科学促进政策，因此他不适合担任基金会董事。这和在克虏伯家族那里发生的事情很相似。波伦-哈尔巴赫·克虏伯家族为了争取让阿尔弗雷德·克虏伯·冯·波伦-哈尔巴赫获得基金会董事会的席位和投票权，徒劳无功地起诉了多年，而他们的竞争对手——克虏伯家族的全权总代理人贝特侯德·拜茨却赢得了这场持续数年之久的席位之争。

在80年代末，似乎是来自基金会的压力，茨希-蒂森兄弟克劳迪奥和费德里科结束了在基金会里的任职，在90年代中期他俩还要结束在蒂森股份公司的任职。在这之前，兄弟两人拥有14万公司股份，相当具有影响力，因此一直还是公司监事会的成员。这两兄弟在阿根廷拥有养牛场、大面积土地和一处豪华地产物业。在德国，他们拥有专业设备制造公司：蒂森矿井工程有限责任公司（位于鲁尔河畔的米尔海姆），他们拥有的这些股份占了蒂森公司全部资本的15.38%。商业银行购买了他俩拥有的蒂森联合管理股份公司的那些股份。关于其成交价格有协议要求不能泄露。专业人士估计总价值达12亿马克。随着这项交易的实施，以及这两位伯爵离开蒂森股份公司的监事会以后，自1997年3月22日起，再也没有蒂森家族的成员留在蒂森股份公司这个庞大的联合公司（企业集团）里，也没有这个企业创始人的后代参与公司业务了。

然而，这两个被排挤掉的、拥有蒂森姓氏的继承人，克劳迪奥•茨希-蒂森伯爵和费德里科•茨希-蒂森伯爵，现在仍然继续在德国开展经营活动。在鲁尔河畔的米尔海姆，由奥古斯特•蒂森开创的蒂森矿井工程有限责任公司仍由他们经营。作为一家专业设备制造公司，它在英国、加拿大、美国、澳大利亚以及奥地利都有其子公司。这是目前唯一一家真正的蒂森企业。这是1907年奥古斯特•蒂森从矿山企业“德国皇帝”中分割出来的矿井工程部门。当时这位钢铁大王需要大量的煤炭，将煤炭烧成焦炭，以供炼钢的需要。他让人一口井一口井地钻下去，专业人士称之为钻井。然而，当他朝北向着莱茵河的方向一路钻井过去的时候，发现钻井因渗水和出现流沙而变得越来越困难。直到有一天，没有一家钻井公司再愿意承担这个风险了。奥古斯特•蒂森接手了这个充满风险的业务。他创建了一个矿井工程公司，并且由于工程师很能干使公司运作顺利：他的工程师发明了一种冲洗方法来对付流沙和一种冷冻方法来阻止渗水。天主教圣芭芭拉庇护了他的新公司，受到庇护的还有那些人数过百的董事们，还有矿工、冶炼工、隧道工、矿井工，以及其他来自充满噪声、恶臭和爆炸，总之是那些会让人累垮的行业的工人。这个公司今天依然强大，并且造就了大量向往幸福的穷人，就像公司在南美洲子公司总部门道里竖立的披着披风的圣母玛利亚一样。公司在南美洲的子公司还精通建筑、原材料开采以及环境技术等行业，其它业务还涉及地铁建设的地下施工以及智利的铜矿勘探。

在成立近半个世纪之后，弗里茨·蒂森基金会在21世纪初仍然一帆风顺。它已经成为促进科学研究的重要机构之一。成功的科学家和他们的后辈既不愿意、也不能离开它。对于德国私人基金会的发展，它成了一个重要的里程碑。在德国，基金会的事务曾经停滞了数十年。其原因是：第一次世界大战后，由于魏玛共和国时期的通货膨胀，以及纳粹时期实行的私人企业国有化，使得社会财富大幅度缩水。第二次世界大战以后，除慈善机构外，还有其它不同机构、政治和经济团体以及国有部门开始建立基金会。弗里茨·蒂森基金会的建立为其它基金会树立了光辉榜样。这耀眼的光彩也辉映到弗里茨·蒂森身上，像钻石的光泽一样经久不衰。

基金会也在与时俱进。可是蒂森基金会的章程规定，不支持与企业相关的研究，也不支持与基金会资金来源有关的项目。基金会忠实地按照章程在运行，它甚至也不为自己的研究机构提供资金支持。基金会在做出自己的特殊贡献时考虑的是整个欧洲的共同发展。目前，弗里茨·蒂森基金会选出了三个重点关注领域：“历史、语言和文化领域”，“国家、经济与社会领域”，以及“医学与自然科学领域”。科学会议将得到资助，研究基金使许多研究项目得以实现。在1982年，基金会提供了大约950万马克用于支持科研项目、颁发奖学金和举办学术会议。从2000年到2002年，根据口头的和书面报告的数据，弗里茨·蒂森基金会已批准的资助科学研究的资金总计达1360

万欧元。科学会议、科研项目、奖学金、科研计划、学术研讨会以及印刷出版物的主题内容都呈现在基金会的德语目录里，一部分呈现在欧洲一些大学的文献以及各类讲座中。例如，“婚姻、爱情、死亡——新时代性关系及隔代关系导致的家庭演变”，“职业正义性——对青年记者的调查”，“第三帝国时期病人护理职业的组织结构”，“外交部门和1944年7月20日”，“内莉•萨克斯[1]信件档案”，“苏联现代及当代文学的接受度”，“基因技术和未来人类的尊严”，“基因技术与心脏病学中的分子生物学”，“古希腊罗马时期人与人之间的友谊”，“精神病人、医生与政治：十九世纪德语国家精神病学的视角”，“为那些以格鲁吉亚语为母语的德语学习者所编写的德语语法教材及练习”，还有“基金会被过度工具化了吗？”，等等。这些是从数百个课题中选出来的一小部分。虽然涉及煤炭和钢铁行业家庭收入方面的课题没有得到过基金会的支持，但是通过得到资助的那些项目，使德国钢铁帝国之父奥古斯特•蒂森的精神得以长存于世。受助项目“不莱梅美术馆19世纪和20世纪雕塑作品目录”中列出的法国雕塑家奥古斯特•罗丹的作品占据了很大空间，另外还有关于罗丹青铜浇铸作品的《雕塑家之梦》。如果没有奥古斯特•蒂森的煤炭与钢铁之梦，没有他作为商人的成功和积累的财富，没有他对艺术的渴望，特别是他对奥古斯特•罗丹大理石雕塑作品的渴望，那么就不会有那些由基金会成功资助了数百万的项目，例如“现代与

[1] Nelly Sachs，德国诗人、剧作家，1891—1970。

伊斯兰教”，“疾病成因模型”，“国际关系”，以及“绘画与成像”这些资助项目。

6. 法庭前的姑嫂们：遗产争夺

大概是当妻子阿梅莉和女儿阿妮塔考虑要拿出弗里茨•蒂森那可观的上百万的遗产作为公益基金用于促进科学技术发展的那个时候，她俩就陷入与弗里茨的妹妹赫德维希之间的争吵了。1945年战后的德国，绝大部分人都在挨饿。就是那些以前很富裕的人生活也十分困难。没有煤，没有卷心菜，没有土豆，没有玉米。在困境中，人们非常团结，有两位夫人也不例外，那就是阿梅莉•蒂森和赫德维希•冯•贝尔格-蒂森男爵夫人，她们是弗里茨•蒂森的妻子和妹妹。阿梅莉由于长时间的逃亡、历险，变得十分贫穷。而赫德维希是男爵夫人，家境富裕。战后，她用位于泰根湖边巴德威瑟的一处房产接纳了她的嫂子阿梅莉。在这饥荒时代，两位女士相互理解并且相处得很好。而10年之后，1957年7月，她俩之间却只剩下辱骂和责难了。那时，赫德维希•冯•贝尔格-蒂森男爵夫人已经77岁了，嫂子阿梅莉78岁。

这两位女士之间的不和，源于非常富有的奥古斯特•蒂森那份好意的遗嘱。他想在他去世前把一切事情都处理得顺顺当当，以至于用金马克给他“最宠爱的孩子赫德维希”赐福。然而他无法预见事情发展到今天这样，也没想到好心办了坏事。是这位老祖宗引起了这个家族的众多法律纠纷。这场法律纠纷于1957年在威斯巴登地方法院拉开了序幕。

这个诉讼首次将长期笼罩在这个家族内部的争吵公之于众。争吵的原因就是关于遗产的纠纷。赫德维希•冯•贝尔格-蒂森男爵夫人，当她成为一个老妇人的时候，与他的父亲——联合公司缔造者奥古斯特•蒂森惊人地相似。她这时住在博登湖畔的克罗伊茨林根，她的住处近乎一个家庭博物馆。她自言自语，“我曾经是他最宠爱的孩子”，从亲属关系上说应得到一份合理的遗产。

在奥古斯特弥留之际，他想将公司遗留给他的两个儿子弗里茨和海因里希各一半。1926年，他留给女儿赫德维希100万金马克，后来大概值1150万，再后来预计值2500万金马克。对此，女儿要放弃其它所有的遗产继承权。父亲奥古斯特希望通过他的遗产使公司完整地保留下去，而且这些公司都要在蒂森的名下。这位父亲在遗嘱中写道，他的女儿及其后代“在面临生活危难时得到保障”。他还想，他的女儿及其子孙后代应该始终直接地享有公司的收益。这些，他都让人以合同形式规定下来，这是遗产继承的基本先决条件。

后来事情发生了变化。在20世纪20年代，留下的那些钱失去了原来的价值。是通货膨胀造成了这一切损失。赫德维希在1924年要求，尽管有通货膨胀，她的财产还是应该有合理的增值。在父亲1926年去世后，弗里茨和海因里希兄弟俩还是决定，每人再给妹妹300万马克。弟弟海因里希这时与蒂森-博纳米萨结了婚，成了上门女婿，在荷兰成了一个经济上成功的绅士。而弗里茨•蒂森这时有了想大赌一把的想法，就是建立联合钢铁股份有限公司。特别是阿道夫·希特勒的一些想法大概转移了他对家族事务的注意。他劝妹妹不要急于得到那笔钱，把它们投入到生意中去，并且满口承诺他将付给她相应的利息。

众所周知，哥哥弗里茨没能兑现其诺言。弗里茨·蒂森的财产被没收了。妹妹赫德维希这时候嫁给了冯·贝尔格男爵，有了第二次婚姻。她找到了一个解决办法。她设法得到了艾米·戈林的青睐。艾米·戈林是纳粹高层的名媛，她曾经也是弗里茨·蒂森的好朋友，对鲁尔区颇为熟悉。戈林的一个叔叔是凯特维希市的市长，那里与蒂森家拥有的朗茨贝格城堡近在咫尺。艾米说服了她的丈夫赫尔曼·戈林，从被没收的蒂森财产中拿出几百万马克给赫德维希。1942年，赫德维希·冯·贝尔格男爵夫人收到了她的300万马克。她把这些钱投资到国债和一些房产中。在德国崩溃的时候，那些国债变成了废纸。

但是，与她的哥哥弗里茨及嫂子阿梅莉相比，她的情况还是相对要好一些。当她的哥哥在受到监禁以及经过肃清纳粹诉讼审判后重获自由的时候，他对赫德维希接纳他的妻子应该是感激不尽的。妹妹看来也不需要对自己将来的生活感到担忧，因为他被没收的财产很快就要解冻并无条件地归还给他了。

事情如愿以偿。弗里茨·蒂森从北莱茵-威斯特法伦州， 即普鲁士自治邦法律事务的继承者那里拿回了他的财产。企业开始逐渐恢复正常，并有了收益。那么他对妹妹的承诺呢？似乎这位先生已经忘记了。妹妹还记得，他还欠她的钱。他拿回了他的财产，那么，现在得到应还她的钱是合情合理的。“在战争时期，我从普鲁士国家拿回300

万是为了拯救蒂森财产的一小部分，如果事情不像现在这样，那对我哥哥还是有利的。人们不能把我通过权势手段在不利的情况下得到的财产视为弗里茨•蒂森在履行其义务。”她并不要求归还她300万马克，而只要求归还200万以补偿她的财产损失。

弗里茨•蒂森再也不能回应她的要求了，他已经在阿根廷他女儿阿妮塔那里与世长辞了。他的遗孀阿梅莉不作回答。女儿阿妮塔，即赫德维希的侄女，也不作答复。在其后的催款信中，赫德维希的语气不再像一家人了，也完全不客气了。母亲阿梅莉和女儿阿妮塔将赫德维希的信转给了另外一个人——蒂森的家庭法律顾问艾尔塞德教授，他是阿梅莉和阿妮塔所信任的人，他同时也是一家蒂森公司的监事会主席。阿梅莉•蒂森当时拥有莱茵钢管股份公司和凤凰冶炼厂的多数股份。但即使是艾尔塞德，后来一位诉讼观察员认为，也显得“执拗不从了”。慕尼黑的教授乌尔玛做的一份鉴定书也许可以帮助做出解释：“在这种情况下，根据诚信原则我不能做出以下评估：冯•贝尔格男爵夫人应该接受她哥哥履行承诺的一笔资金。”

蒂森妹妹的维也纳律师希望阿梅莉•蒂森和她的家庭法律顾问有效地妥善处理这件事。但同时他还警告，否则“就要按照我当事人的要求诉诸法律了。但我相信，如果我们能够从蒂森家庭的利益考虑，我们最好不要将这一家庭问题曝光于公众。同时，我敢肯定，关于弗里茨•蒂森的遗产处理，在奥古斯特•蒂森唯一的女儿面前，不会只有一种理解，并且这种理解使人感到有违背诚信原则的嫌疑”。然而，就像其它的案子一样，这个问题后来正如所提及的一样，曝光于公众了，最早是在威斯巴登地方法院。

“面对这一威胁”，阿梅莉也没有打算让步。因为赫德维希是“最后一次”给住在布宜诺斯艾利斯的阿梅莉和阿妮塔母女写信：“如果你轻蔑地拒绝我主动伸出的手，那么这件事必须要由法院来做出裁决。”因此，就像蒂森家族有这个传统一样，自1957年7月起，家族成员开始了关于财产的法律纠纷。1958年，当这起涉及百万财产的家庭经济纠纷案子由美因河畔的法兰克福州立法院受理的时候，人们说这个家族“由于不断变换起诉方的相互起诉”而分裂成了不同的派系。

男爵夫人的诉讼全权代理人认为她谈吐温和，值得信赖。作为女人，“涉及经济和生意上的事情，她很少有自己的见解，因此她也认识不到怎样才能以最好的方式保护自己的利益”。第一次婚姻，这位蒂森的女儿与费迪南德·冯·洛伊弗格男爵结了婚。丈夫更多地维系了婚姻义务，而妻子却对婚姻义务处心积虑。当这段婚姻破裂后，她仍然是男爵夫人。新中意的那个男人，就是马克斯·冯·贝尔格男爵。父亲奥古斯特·蒂森是有名的吝啬鬼，想先看到女儿的第二个婚姻对象有多么慷慨大度，于是就同女儿签了一份合同。这份合同，据介绍，应该能够终生保障她的赡养。但除了100万马克的“流动资金”外，一笔1500万金马克的财产是50年不可赎回、也不可减持的。直到1961年，女儿应该能够依靠这笔财产的利息过上有保障的生活。该合同于1911年在威斯巴登进行了公证。与父亲奥古斯特想让她的生活有保障的意愿相违，“她的生活危机”随着战争和货币的贬值而到来。她的律师说：“在1942年拿钱有什么用？”虽然普鲁士国家对她进行了补偿，但这远不能抵偿哥哥弗里茨欠她的债务。

1958年，法兰克福州立法院第二民事法庭庭长提出了一个极有智慧的调解建议，但必须考虑到，“这个建议也许不在完全的法律层面上”，因此被告方可能不会服从。蒂森财产的守护人艾尔塞德教授进行了如下估算：男爵夫人用普鲁士退还的那几百万在慕尼黑购买了一个街区的房产，虽然损坏严重，但至少还值250万马克。某周报一篇题为“蒂森家庭的争吵”的报道，说这个案子在“令人恶心地”讨价还价，这导致了最后的分歧和不愉快。男爵夫人的律师反驳道：他坚决反对这种观点——怀疑冯•贝尔格-蒂森夫人用这些令人生疑的房产进行了“经营”。不，不，这位80岁的老人，更令她生气的是被人称为“老女人”。“她被拒之门外了！”这是艾尔塞德的结论？他目中无人地补上一句，男爵夫人有可能购买了公司股票，现在股票肯定百分之百地升值了。经过这样的反复争执，法院不得不一再延期审理。法官们想知道“当时那笔钱用来干了什么”，年老的男爵夫人应该提供一份清单，说明她从30年前的那300万马克中获得的收益。清单没有被给出。1960年，赫德维希•冯•贝尔格男爵夫人去世，享年82岁。

第三部分
奥古斯特·蒂森的孙子

（汉斯·海因里希·蒂森-博纳米萨，1921—2002）

7. 匈牙利婚礼的结果：男爵

奥古斯特·蒂森是那种属于德国经济繁荣时代以及后繁荣时代的男人。他们被称为“工业巨头”，其中既含有敌意，又含有高度尊敬的意思。从儿子海因里希（1875—1947）开始，孙子汉斯·海因里希（1921—2002）以及曾孙乔治·海因里希·冯·蒂森-博纳米萨男爵（1950—）都拥有贵族称号。通过同玛尔格特·冯·博纳米萨男爵小姐结婚，再加上过继到岳父名下，经过多番周折，他让自己的名片上印上了绅士们常用的花体字。70年代初有一份报纸讥讽这件事：“金钱镀金的事真是信手拈来。”奥古斯特的子女中，只有儿子弗里茨作为年轻的合伙人加入了父亲和叔叔约瑟夫共同创建的蒂森公司（OHG）。第三个儿子海因里希则是用父亲的遗产创立了自己的企业王国，成为拥有数十亿财富的贵族企业家。

随着海因里希开启了蒂森家族第二段极其不平凡又激动人心的历史，这段历史获得了比父亲奥古斯特更广泛的公众关注。不过，直到他儿子汉斯•海因里希计划要将一生奉献给所谓媒体事业的时候，公众才知道关于海因里希通过婚姻成为男爵的事。父亲海因里希过着一种宁静和避世绝俗的生活。与父亲相反，儿子汉斯•海因里希专门寻求接近媒体和大众。父亲海因里希•蒂森-博纳米萨个性谦虚，面对公众时极其谨慎。因此，他留下来的照片很少。

海因里希似乎有很强的传统意识，特别是涉及家族方面的时候。他大量收藏的艺术品，在当时已成为最大的私人艺术收藏之一。他把它们称之为“若洪茨堡”，以纪念他在匈牙利的产业，他不得不在匈牙利红色政权到来之前从那里逃离。他为他的艺术品收藏编制了一个目录，以纪念他已去世的父亲。早在1941年他就立下遗嘱，他在遗嘱中要求，自己将来要葬在朗茨贝格城堡的家族墓地里。但在1947年6月他去世后，过了五年，他的棺木才运到凯特维希，葬在他父亲石棺的后面。

海因里希•蒂森在柏林、慕尼黑、伦敦和海德堡学习了化学、物理和矿物学，1899年在海德堡获得了博士学位。之后他移居到了匈牙利。1905年他在维也纳与玛尔格特•博纳米萨男爵小姐结了婚。博纳米萨家族缺一个男性后代。一种宗族谱系学的策略消除了这个弊端：在结婚一年以后通过在岳父面前进行了过继宣誓后，就在生活中拥有了博纳米萨这个名字，包括男爵称号。结婚一年以后，奥地利皇帝弗朗茨•约瑟夫授予海因里希•蒂森贵族特权，允许他使用海因里希•冯•蒂森-博纳米萨男爵博士这一称号，并允许其后代传承。同样的贵族称号也发生在德国外交官古斯塔夫•冯•波伦-哈尔巴赫身上，他也在1906年被克虏伯继承人贝尔塔选中作为女性贵族领主的丈夫，德国皇帝威廉二世通过盖有印章的信件授予他贵族特权。此后他既是克虏伯，同时也可以作为贵族古斯塔夫•冯•波伦-哈尔巴赫繁衍后代。就这样，蒂森家族成了贵族，并有复姓。一位家族成员对此作出评论："海因里希得到了他父亲曾经拒绝的生活方式。"这是表明父亲奥古斯特和儿子海因里希之间存在差异的几种不同说法之一。这位通过婚姻而成为贵族的蒂森成了匈牙利人，并且此后一直是匈牙利人。但是，同匈牙利贵族夫人的婚姻只维持了22年，1927年两人离婚。

直到1918年第一次世界大战结束，海因里希•蒂森-博纳米萨男爵都安逸地生活在维也纳和他的匈牙利庄园，以及奥地利布尔根兰德雷希尼茨（德语名为Rechnitz）附近的博纳米萨家族城堡中。在第一次世界大战期间，他为城堡加修了一个厢房，作为战地医院，他就是医院的指挥官。他的传记作者写道，1919年，当匈牙利共产党人贝拉•库恩发动的革命席卷匈牙利的时候，海因里希•蒂森•博纳米萨被迫离开那个国家。他的流亡路线是，先到奥地利，然后短时间待在他家的朗茨贝格城堡，那时候他已经有了两个孩子，最后，到了荷兰的海牙。

在荷兰，蒂森-博纳米萨先是接手了家族公司的海外业务，其中最重要的业务是“商业航运银行”。用父亲留给他的可观财产，他建立了自己的经济帝国。他不仅仅接管了蒂森的原材料供应、出口公司、造船等海外业务，而且还接管了几个遗产之外的业务。凭借外交技巧、熟知国际事务、果断的决策能力以及突出的独立工作能力，他使这些企业成功地不断发展。他不会插手自己没有经验的业务。早在1912年，他就进入了德国皇帝矿业联合公司的矿井董事会，在这个位置上，他熟悉了许多企业的大业务，乃至超大业务。

虽然他从未参与过政治活动，但这位蒂森的儿子却密切关注政治和经济的发展动向。例如，是他决定不将公司的资产转移到通货膨胀严重的德国。父亲奥古斯特希望在和银行打交道时用这些资产的有价证券来作为银行的贷款抵押，所以为了保值将资产投放到各个分公司。儿子所做的一切正好与父亲的意思不谋而合。在这方面，蒂森与胡果•施蒂纳斯完全不同。施蒂纳斯要在没有与银行联合投资以及没有银行借贷的情况下建立公司，他认为，企业在对投资人和供应商依赖尽可能小的情况下经营才能够特别成功。这样，企业股份就掌握在家族手中，并且收益就留在了公司里。尽管如此，父亲还是抢白儿子：“海因里希，你不过就是个银行家。”同时，他对大儿子弗里茨也提出了批评。当弗里茨在没有监管的情况下将快速分期偿还的借款投入到公司后，他称他为“败家子”。作为企业家，蒂森-博纳米萨在不断获得更多的成功。他的风格，就是自觉且默默无闻地发挥作用。对于他的公司，他致力于使其与辛迪加、卡特尔集团保持独立。他决定遵循“反垄断理念”，这导致了他和哥哥弗里茨之间的分歧。

海因里希•蒂森-博纳米萨脱离了炼钢行业，而这个行业，正是他哥哥在经济方面的雄心壮志所在。这样，海因里希就和家人闹翻了，特别是同哥哥弗里茨。传记作者斯特凡•威根纳说他们两人之间有一种“个性方面的疏远”。在20世纪20年代中叶，那时他们的疏远并非是为了一些家庭内部的小事。弗里茨•蒂森早就决定要将德国钢铁企业合并成一个大型企业，即联合钢铁公司。早在1925年9月，海因里希•蒂森-博纳米萨就给哥哥弗里茨写了一封信，同时也给在公司有决策权的堂兄弟朱利乌斯和汉斯写了同样的信，他们是公司创始人的弟弟约瑟夫•蒂森的两个儿子。“我不赞同这种垄断。这种垄断会破坏已进行了大量投资且正在扩张中的家族企业。我与那些信任我的工厂和企业没有必要建立垄断联盟关系。”“我的警告多年来一直被忽略，我的想法没有人放在心上。”如果再进一步讲，这是海因里希在表明他对这些合并方案不负任何责任。这就是兄弟之间的关心？

这些男人之间的关系，特别是在年长并在遗产继承方面得到优待的弗里茨和海因里希兄弟之间，由于弗里茨背离了原来的经营方针以及弟弟提出了告诫而失去了其纯洁性。这一点对他们在以后在政治、经济以及家庭方面影响深远，并且给了海因里希把留给他的那些企业从联合钢铁股份公司中脱离出来的理由。这样他就可以继续去关照自己公司和家族方面的小圈子了。而哥哥弗里茨则逐渐从家族的控制下收购了有着巨大风险的联合钢铁公司股份。一位传记作者把这归咎于“企业内部的压力和国家经济在这个行业里的问题”。按照家族的传统，父亲奥古斯特只能待在一旁，“在讨论关于他引以为傲的企业的未来时产生一些影响罢了”，而且基本上会同意弗里茨的主张。联合钢铁股份公司的成立他是看不到了。1926年，这个钢铁巨人诞生的那一年，德国钢铁的鼻祖在复活节那天的早晨与世长辞了。

在蒂森家的这两兄弟弗里茨和海因里希之间,越发凸显的差异虽然表现在他们的经济政策方面，但实质上还是在他们的政治观点方面。因为海因里希•冯•蒂森-博纳米萨走出的关键一步更多还是从政治角度考虑的。作为德国人，他去了匈牙利；在匈牙利共产党取得政权之前，他又重新换了一个国家。匈牙利，这个他曾经作为德国人和普通平民进入的国家，现在他作为匈牙利人和贵族又离开了它。他移民到了荷兰。这种世界主义的观念还继续影响着他的儿子汉斯•海因里希。当希特勒在德国争取获得权力的时候，父亲蒂森-博纳米萨就预感到，这个纳粹党领袖要对外扩张。“当这个疯子获得权力后，”儿子汉斯•海因里希在提到他父亲敏锐的政治嗅觉时说，“接下来就是战争。“这一点，海因里希•蒂森-博纳米萨早在1928年就说过了。而正好在这一年，他哥哥弗里茨与纳粹党走得最近，为纳粹党在慕尼黑的党务中心“褐色房子”提供了财务支持。当海因里希将政治问题置身事外的时候，他的哥哥弗里茨却在鲁尔地区与法国占领当局进行抗争。在这次抗争中，他处于消极抵抗运动的中心，之后再也不能保持中立了。在荷兰被德国人占领之前，蒂森-博纳米萨于

1932年又进行了第三次移民，这次他想去的地方是瑞士。他的儿子后来这样称赞他的父亲：“他认为，如果希特勒掌握了权力，瑞士将是唯一安全的国家。后来直到1936年，他才成功地将他的所有艺术品收藏全部运到了瑞士，非常及时。在战争中，他收藏的艺术品只遗失了很少。”

1932年是海因里希住在德国的最后一年，他在杜塞尔多夫还拥有几间办公室。他成功地让人将岳父在匈牙利城堡中的艺术收藏品运送到了杜塞尔多夫。就是在这段时间，海因里希通过购买一件又一件艺术瑰宝开始积累他自己的艺术品收藏，并使他的艺术收藏事业不断深入。只有他，这位收藏家，了解这些宝贝，他在紧闭着的房门后面像秘密热恋中的人一样真正地在享受这些艺术宝藏。他儿子的首席艺术品修复专家——西班牙马德里博物馆的托马斯·洛伦斯在2001年为蒂森·博纳米萨的收藏找到了一种质朴的表达方式：“他以极为低调的方式在做这件事……”1932年，这一切发生了改变。海因里希·蒂森-博纳米萨在瑞士卢加诺湖畔为他的艺术收藏品购置了一处真正的王公贵族的住所，那是1632年修建的法沃瑞塔别墅。这位艺术痴迷者将这座别墅改建成了一座宏伟的艺术画廊。

他的儿子汉斯·海因里希是蒂森家的第三代，在父亲去世后接管了父亲巨大的艺术品收藏遗产，并且决定不像他父亲那样把这些艺术收藏关在象牙塔里供私人欣赏，而是要将父亲的艺术品天堂向公众开放。带着这个决定，他开始了一种激动人心的、充满冒险的蒂森生活。

8. 从钢铁遗产继承人到艺术品大亨：收藏家

如果在一位美丽的姑娘和一幅优秀绘画作品面前作选择的话，这个男人的选择肯定是那幅画。他相信，“好看的女人比好的画多”。唉，他叹息道，女人们难以捉摸。那么他怎样看待金钱和幸福呢？金钱，啊，是的，它能够给人更多的自由。实际上他在各个方面都很完美，无论是艺术、女人还是金钱，他都十分富有。他就是汉斯•海因里希•蒂森-博纳米萨•德•卡松，一位世界排名靠前并且有很高的国际地位的艺术品收藏家。他一生都是媒体的宠儿。当他于2002年4月底去世时，西班牙国王胡安•卡洛斯一世这样赞扬他：“男爵对西班牙艺术做出了极有价值的贡献。”没什么奇怪的，西班牙政府通过讨价还价，仅仅用了3.38亿美元就买进了蒂森家族的油画藏品。专家们说这些油画收藏品的价值可能是这个数目的五倍。

像他这样的男人喜欢什么？他的生活主题是女人还是艺术品？他嘲讽地解释道：“油画的优点是，它们被挂在墙上，在那里保持着沉默。”但女人和绘画都使他激情澎湃。“在观赏她/它们的时候，会感觉到心里痒痒的，想得到她们。”他在描述他那种由艺术品和女性刺激他感官时的感觉是这样表述的：“当我买画的时候，必须要对一件作品有特殊的感觉。那就是说，就像一个人看到一位美丽的姑娘而会引起身体的震撼一般。”他买画不是为了再卖出它们，如果他喜欢一幅画，他就会为其痴迷，并且一定要拥有它。20世纪80年代末，这位艺术品收藏大亨承认：“从本质上说，人们完全不知道一幅画的价值。”一幅画会有它的一些动人之处，但如果他不看好它，那么即使在价格“爆棚”时，他也不会收藏它。他不是已经几乎拥有了所有的东西吗？他和他的父亲的确购买了绘画，那是在价格还没有上涨到不可思议的时候，他们凭着超强的预感能力做到的。一个人，当他对一些东西似乎有把握的时候，他就能够让自己作一个掂量。“总而言之，绘画可能比那些女孩更昂贵，我相信是这样。”

这位蒂森，也就是后来的艺术帝国主义者[1]，生平第一次在一幅水彩画面前经历了心里痒痒的感觉和对艺术品的价值评估。那是艾米尔·诺尔德在1909年画的一幅水彩画，也是他在开始自己的艺术品收藏生涯时购买的第一幅画，他用18万马克买下了它。1986年，诺尔德的另一幅类似的画在伦敦苏富比拍卖行被阿曼国家博物馆以1500万马克的天价竞拍到手。蒂森-博纳米萨评论道：“那么我现在问您，他们理解了诺尔德的什么？”随着岁月的增长，传奇般的钢铁大工业家奥古斯特·蒂森的孙子成了绘画收藏大师。这个瑞士最富有的男人之一在瑞士卢加诺湖畔的卡斯塔格诺拉市的法沃瑞塔别墅的楼梯间挂着一幅乔凡尼·巴蒂斯塔·提埃坡罗（Giovanni Battista Tiepolo，意大利画家，1696—1770）的画，在门厅挂着库尔特·施威特斯（Kurt Schwitters，德国画家，1887—1948）的画。一间最精致卧室里挂着毕加索（Pablo Picasso，西班牙画家，1881—1973）的《哈勒金》，那里还有塞尚

[1] 这里借用了“文化帝国主义”的概念，即凭借文化优势，利用强大的经济、资本实力为后盾，主要通过市场而进行扩张，拓展和占领世界文化市场。——译者注

（Paul Cézanne，法国画家，1839—1906）的《农民》。别墅里，墙上到处挂着艺术史上大师级画家的绘画作品，这些画挂在那里是如此的自然，就像家族成员的照片一样。包括埃德加•德加（Edgar Degas，法国画家，1834—1917）、文森特•梵高（Vincent Willem van Gogh，荷兰画家，1853—1890）、保罗•高更（Paul Gauguin，法国画家，1848—1903）、保罗•克利（Paul Klee，瑞士画家，1879—1940）、马克斯•贝克曼（Max Beckmann，德国画家，1884—1950）……一个前德国人，自1950年起成为瑞士人，曾经的匈牙利贵族，他把自己不断的慷慨行为轻描淡写地当作"行善"，成为蒂森家族中最耀眼的人物，他就是汉斯•海因里希•蒂森-博纳米萨。他如此安排自己的生活，似乎想要使他的生活摆脱平凡。

汉斯•海因里希•蒂森-博纳米萨是一个世纪以来，欧洲最强大的并且在重工业王国里处于巅峰的家族里最后一个杰出代表。曼勒斯曼家族的档案管理人兼蒂森企业传记的出版商霍尔斯特•阿•威瑟尔博士简明扼要地总结道："蒂森这个姓氏今天使人联想到的通常是一个有国际声誉的企业，以及最具价值的私人艺术品收藏机构之一。"在许多冠以蒂森姓氏的企业里，再没有以蒂森为姓氏的人还在担任领导或其它职位，而蒂森-博纳米萨这个合并姓氏却代表着数十亿美元的艺术藏品，以及这些艺术藏品的拥有者。"那些今天还冠以蒂森姓氏的公司是由奥古斯特•蒂森创建的……而艺术藏品基本上是他的后代收集而来。"

然而在生命的最后几年里，当汉斯•海因里希•蒂森-

博纳米萨和他的儿子在法庭上为了金钱和权力而争吵不休时，恶意和嘲讽使这个老人变得荒谬可笑。在争吵中，他和他过去的女人们的爱情生活毫无掩饰地被公之于众。令人难以置信的是，他近乎变成了漫画角色。这些亲属关系中的亲疏离合为精神病医生和心理学家提供了素材。他们与德国普通家庭发生争吵的唯一不同点是银行账户金额的大小。

德国《时代》周刊用他的昵称和绰号讥讽他为“百万富翁海尼”使他显得更加可笑。在他纵情享乐的时候，他让朋友们称他为“海尼”。他得到的巨额遗产，作为商人虽然他也利用它们获得经济上的增长，但这些遗产显然还更多地激发他发展出特殊的专业理解力和必不可少的欲望，使他成为20世纪最伟大的艺术品收藏家之一。“他的父亲是德国人，母亲是匈牙利人，在荷兰出生，瑞士国籍，与一个西班牙人结了婚，主要居住在英国，公司总部在荷属库拉索岛：一个拥有世界和金钱的男人。”德国《时代》周刊用这样的一句话来概括这个人的一生：“从钢铁遗产继承人到艺术品大亨。”

总是有一句风趣的话伴随着他：“他是古老艺术家和年轻漂亮女人的收藏家。”彩虹新闻社对他的五次婚姻和绯闻更感兴趣。事实上，这位蒂森比其他所有亲戚更忙于和新闻媒体打交道。对于世界上的博物馆来说，他对早期艺术大师的爱好和极好的艺术品味，以及在购进精美艺术品时多年来养成的本能，这才具有更重要的意义。

尽管他于1950年在接受成为瑞士国家公民的时候放弃了自己的贵族称号，但他仍然被称为“男爵”。他亲口说过:“我感觉自己是欧洲人，是不是德国人说不准，但不是一个瑞士人。但我还是要为我生活在瑞士而感谢瑞士。”就像许多他说过的话一样，这个自我评价也充满了诙谐调皮的风格:“我是一个受德国北部影响的德国人。”当他在1988年决定将马德里作为他的艺术收藏品的最终安置地的时候，他对瑞士，特别是对他生活了40年的卢加诺市已有不满。“我的邻居从来都不知道我的名字是怎样拼写的。在街上也没有人和我打招呼。”早在10年前就已经没有在欧洲的感觉了。在财务管理方面，卢加诺也不再被指定为法定所在地，而是选择蒙特卡罗作为替代。1978年，瑞士提契诺州的人们为他们最大的纳税人和资助者而哭泣，他像其他有钱人一样从提契诺州逃离，成了摩纳哥人。毕竟在1973年和1974年，蒂森-博纳米萨向卢加诺市、提契诺州和瑞士联邦每年都缴纳了50万瑞士法郎的税。

一个在27个国家拥有公司的企业家，但更多是作为他自己的艺术王国的管理者，这个男人生活在许多地方。欧洲人蒂森-博纳米萨可以使用他的私人喷气式飞机法尔肯-50型，甚至可以在莫斯科降落。但苏联的艺术工作者坚持要由俄国人来担当飞行员。在科隆的一次晚餐上，苏联大使问他为什么总是在美国而不是在俄罗斯举办大型展览。蒂森-博纳米萨回答是画的原因。在列宁格勒、莫斯科和基辅有100万人惊叹他拥有40位早期绘画大师的作品，而苏联博物馆里的印象主义画家的作品吸引了其中的25 000多位艺术爱好者。而当时正有10倍于此的人，朝圣般地去参观蒂森在瑞士法沃瑞塔别墅举办的画展。在资本主义的艺术鉴赏家和苏联的共产党人之间有了越来越多的艺术展览交流项目。例如，蒂森在西方公开展示“冬宫里的金银珍宝”，这样他证明了自己是一个成功的艺术挖掘者，在又黑又脏的仓库角落里发现了掩盖宝物的贵重帐幕。作为回报，他收藏的珠宝也在当时的列宁格勒展出上绽放异彩。这意味着什么？这个男人除了富裕和拥有绘画藏品外还成了一个“铁幕”后面的调解人？一位英国专家这样刻画蒂森-博纳米萨同苏联的关系：苏联人特别敬重他，因为“他很直接，非常善于交际。而且他可以像一个真正的男人一样喝伏特加酒”。

“文化中心[1]今天的任务，即发现每个人的兴趣和欣赏的东西，因为它是孕育自由乃至和平的源泉和思想基础。它可以同中世纪教会扮演的角色媲美，即作为教育、思索和引发怜悯的中心。”蒂森-博纳米萨就是持这种信念的代表。1978年，他第二次在卢加诺举办来自俄国博物馆的印象主义和后期印象主义的画展。这次画展对世界来说是他从事艺术工作的一次高潮，也让他有机会展示他的第五任妻子卡门•塞尔薇拉在举办画展中所扮演的角色。“我的妻子和我决心继续努力朝着这个方向发展。”

他能够得到这一切：最好的葡萄酒、最精美的饮食、漂亮的住所、美好的旅行、精心挑选的艺术品、女人……他的女人，无论是否有结婚戒指，这都不足为奇。他会准备很多惊喜，如婚礼上的一只黑豹，在法国一座城堡里

[1] 指致力于发展文化艺术的机构。——译者注

告别，购买南太平洋的一个小岛，一串黑珍珠项链。他总是很慷慨大方，她们没有什么好抱怨的。一个忠诚的男人？也许日久才得以见真情。在他父亲去世以后，只有一样东西他还保持了忠诚：那就是艺术品。在特殊情况下，如果他最深爱的女人要有一个名字的话，那就是：乔万娜•德格利•阿尔比兹•托纳波尼。那是一个佛罗伦萨女人，一位15世纪的画家多梅尼科•吉兰达约（Domenico Ghirlandaio, 意大利画家，1449—1494）让她停留在画布上永生不朽。这位艺术品收藏家已经成为对这幅女人肖像画痴迷的“情人”，对她崇拜得五体投地，称她为“绝妙的古典美人”。这幅绘画背后的故事也道出它的拥有者对生活的理解。在世界各地展出时，例如2001年底在美国首都华盛顿国家美术馆的展出中，乔万娜的肖像始终是这次画展的核心和最精彩的部分。

1486年，这位美丽的女人嫁给了富有的银行家洛伦茨•托纳布奥尼。但她在刚刚20岁生第二个孩子时去世了。很久以前，美国有权有势的银行家皮尔庞特•摩根在他那精美的摆满文艺复兴时期风格家具的住宅里曾经站在这幅昂贵的绘画前。艺术评论家威利巴德•索尔兰德这样描述这幅画：“像刻在墓碑上的年轻女子有着天鹅般美丽的颈部，完美无瑕的美貌，金色的卷发将美丽凝固为永恒。她的身体轮廓在幽暗的壁龛前很突出。人们还可以看到壁龛里放着一本祈祷书。这幅画是在乔万娜去世后完成的。她衣服上明亮的黄色和橙色以及象牙般的肤色与黑色的背景之间有着近乎可怕的对比，似乎暗示着光芒四射的年轻美貌与突如其来的死亡之间的冲突。”关于这幅画的这些文字描述是不是这幅画的拥有者蒂森-博纳米萨的部分生活感受呢？“啊，艺术，你能不能将文雅与灵魂再现，以更美的方式胜过这世上其它的临摹？”

在这位蒂森面前，画布上的姑娘也必须是美丽的。曾有一幅伦勃朗的姑娘肖像画要出售给他，但他拒绝了。“太丑了。”美丽应该是他首要的爱好——真正现实中的女人或绘画中的肖像也是这样。这个男人因此创造了他自己的梦想乐园，在那里有栩栩如生的绘画和美丽的女人。对此，收藏家兼商人海茵茨•贝尔格鲁恩的观点虽然只是个人看法，但很中肯地描绘了这个男人的形象：“蒂森天真无邪，对人从不设防。作为一个经济帝国的继承人，他既不狡猾、过分聪明，也不傲慢、妄自尊大。借用美国人的说法，他有着‘好色之徒’的尊号。他真的是‘好色之徒’吗？是因为几年前他第五次结婚吗？我相信，他所有的婚姻在最初都是浪漫的决定，没有任何算计。他不是卡萨诺瓦[1]，也不是女性杀手，更不是无论如何一定要征服一个女人后马上又冲向下一个的那种人。他和一生中出现的女人的关系是由心情和经历来确定的，也就是由日常的激情所决定的，就像对待他收藏的那些画一样。”

因此，他不得不把他的激情投向他的女人们。他也是这样情不自禁地收藏那些美术作品的。直到他的第五任妻子，被他和他的朋友亲切地称为“蒂塔”的卡门，她和蒂森在一起工作时很给力，甚至能和他一比高低。她显然

[1] 卡萨诺瓦，Casanova，极富传奇色彩的意大利冒险家、作家、“追寻女色的风流才子”，是18世纪享誉欧洲的大情圣。

支持他把更多精力和生活品味以更大的热情集中在艺术品上。这位比她大24岁的丈夫称赞她陪伴他参加艺术品业务旅行。“其他女人从不陪同我一起，而且在我离开时玩得很开心，这就是为什么总是和她们分手的原因。”

海因茨•贝尔格鲁恩谈到了蒂森和他第五任妻子的关系是如何开始的。海因茨•贝尔格鲁恩当时还是巴黎的一名艺术品商人。他为蒂森介绍了毕加索在瑞士日内瓦的一个朋友，他拥有一幅重要的立体派绘画作品。蒂森邀请他到卢加诺去一趟，说：“我的飞机正在等候着。”贝尔格鲁恩想征求一下妻子的意见，就表示了拒绝，说他没有带牙刷。可蒂森说道：“我们总是为客人准备牙刷和各种尺码的睡衣。”同时，也邀请贝尔格鲁恩的妻子到瑞士南部的卢加诺去过个周末。可贝尔格鲁恩还得先去迎接一位年轻的女士，听到这个，新近离婚的蒂森-博纳米萨顿时“脸上放出异彩”。那位年轻的夫人卡门•塞尔薇拉“优雅、美丽、热情活泼”。于是大家在卢加诺享用了一顿豪华的晚宴。在漆黑的夜晚，蒂森陪着他的客人，不知是否是因为喝了太多美味的红葡萄酒，他们走路时有些摇摇晃晃。在距离客人下榻的房屋几百米的地方，贝尔格鲁恩开始警告保镖不要开枪，并令人吃惊地拥抱了那个男人：“亲爱的海尼，我是多么的高兴，因为我俩有同样的名字，我和你一样叫海因茨。真遗憾，我们手边没有酒杯，现在我们真应该为我们的兄弟情谊干杯。睡个好觉，亲爱的海尼，任性地做梦吧，做个甜蜜的梦。”他在那个男人胸口拍了一下，并亲吻了他的左右脸颊。可是到了第二天早餐的时候，他只有一个简单的握手：“早上好，贝尔格鲁恩先生。”这两位先生1980年曾经在纽约见过一面。从贝尔格鲁恩收藏的12幅保罗·克利的水彩画中，蒂森-博纳米萨只挑选了一幅出来。为什么挑选这幅画？“因为它于1921年完成，我是在那一年出生的。”

对这个人来说，他以自己的方式为世界政治做出贡献并秘密参加日内瓦峰会并不令人惊讶。为促成美国总统罗纳德·里根和苏共中央总书记米哈伊尔·谢尔盖耶维奇·戈尔巴乔夫的握手言和，蒂森-博纳米萨借出了一幅美国风景画。这幅画挂在日内瓦一座别墅的壁炉上方，只是为了照相机聚焦的那一刻，象征着两个超级大国的代表相处融洽。三个小时以后，画就被撤走了，这位收藏绘画的资本家将他的艺术品妥善打包后收回。这是一件什么样的作品啊！能让世界上两个最有权力的人微笑、握手。这一情景应该有一种情调。罗纳德·里根想看到自己是在美国风景背景前，便让人去敲响了蒂森-博纳米萨的门。不知他有没有……（美国画家的风景画，译者注）他有。对于这种很少发生的公开、匆忙而就的绘画装饰工作，那些报纸却煞有介事地把这个人吹嘘成了一个“艺术事务大使”。

汉斯·海因里希·蒂森-博纳米萨有时这样描述他的收藏欲望，好像是在特殊情况下他迫不得已才这样的。当父亲海因里希在1947年去世时，儿子汉斯·海因里希为自己设定了目标，使用继承的遗产通过回购和新收购的方式去补充减少了一半的收藏品。按照和兄妹斯特凡、玛格丽塔和加布里尔的遗产的分配，他还保留了一大半父亲的收藏品，但他仍然想让父亲的收藏品重归完善。“在某种意义上，父亲艺术品收藏的不完整对我来说是一种优势，”蒂森在谈到他开始艺术品收购生涯时这样说，“否则我永远不会开始收集绘画艺术作品。”在父亲去世一年后，28岁的他就做出了一个大胆的决定：他要告别父亲的艺术私密性，不再让画廊的藏品掩藏自己的秘密。他要让画廊遵循民主的原则，成为“所有人的艺术”。这个亿万富翁将巨额资金花费在艺术上，通过举办展览让全世界的观众受益。作为家庭基金会的董事，他必须管理大部分的艺术遗产，他的三个兄弟姐妹管理余下的部分。在接下来的几年中，他把父亲的藏品一幅一幅地、一件一件地从兄弟姐妹那里购买回来。他称之为“恢复父亲完整收藏的冲动”。在这之前，蒂森-博纳米萨的兄妹们提请瑞士最高法院推翻了父亲禁止将藏画带出瑞士的遗嘱，否则他们就要空手而去了。有了这项判决，才有汉斯针对父亲那变得不完整的绘画收藏而采取的回购行为。当他将父亲的藏画重新收集完整以后，他表明“我要开始自己的收藏”。1992年，他在汉堡被授予歌德勋章，以表彰他重新集齐了“由于遗产分割而不完整的父亲藏画”，并且系统地扩展了收藏，这对保护欧洲文化遗产是一项功绩。

在20世纪末，许多德国艺术品收藏家和蒂森-博纳米萨一样，他们要将自己的收藏品推荐给广大公众。拥有丰富遗产的汉斯•海因里希•蒂森-博纳米萨与传统的上层资产阶级一样，坚信艺术品在私人手中才能很好地保存，但是应该作为公共文化遗产而提供给公众欣赏。与此同时，三次大规模收集完美无瑕的藏品，就像从父亲那里继承的和通过回购恢复的藏品一样。在战后的欧洲，这位蒂森家族的第三代在幸免于战争灾难且依然美丽的瑞士，将他的艺术藏品在他的法沃瑞塔别墅免费提供给观众观赏。这时，在瑞士卢加诺市的名人区也开始了非常活跃的艺术品展览活动，后来也在世界上许多地方举办了令人激动的展览。开放其艺术藏品是展览举办者的一步妙棋：蒂森-博纳米萨将艺术品引到了卢加诺，也将艺术品引到全世界范围内他的展览管理覆盖到的各个地方。他的父亲是不是也同意这种将画廊向所有人开放的做法呢？“他会很震惊的，”这位儿子说，“但是一幅画不仅仅是为我一个人而存在。画家创作了它，是为了让所有人都能够看到它。”作为企业家，他还有一个另外的原因，就是想让别人见识一下他的艺术资本。他直言不讳地承认：“这在税收方面也有优惠。”如果他以私人名义在伦敦购买一幅画，他将不得不在瑞士或者其它地方缴纳购置税。“一个向公众开放的画廊购画时可以免交这些税费。”

棕榈树和柏树环绕着汉斯·海因里希·蒂森-博纳米萨的庄园，好像他应该被掩藏起来一样。那是海因里希·蒂森-博纳米萨男爵从普鲁士里奥波德王子的手中买来的。卢加诺的别墅成了装满丰富藏品的百宝箱。这位男爵到底聚集了多少价值连城的艺术珍品，公众只是间接地，甚至只能通过报纸的文化栏目中一些最不起眼的报道中得知。例如，1998年春，一个洛可可风格的银质有盖的汤盆在纽约拍卖时一锤定音：1500万马克。起初，甚至连年轻的汉斯·海因里希·蒂森-博纳米萨也不知道父亲拥有什么有价值的艺术品。偶尔，父亲要离开办公室一段时间，他会对儿子说，他要去看一会儿书。“这就是我所知道的。”这位继承人回忆道。后来，他几乎每天都要和父亲在画廊里走一圈。汉斯•海因里希谈道："我们会站在一幅画前，然后他会讲一些关于那个艺术家的技术问题，或者关于那位艺术大师和他学生之间的关系等问题。换句话说，那是以一种专业的眼光在打量那幅画的一些情况……他可以长达几个小时地站在一幅画前研究它。"儿子汉斯后来也保持了这个习惯，但主要是和他的妻子们一起。对这两个男人来说都是这样，他们也通过这种方式了解怎样收藏绘画作品。开始的时候，从阿尔特多费尔（Albrecht Altdorfer，德国画家，1480—1538）到丢勒（Albrecht Dürer，德国画家，1471—1528），再到提香（Tiziano Vecellio，意大利画家，1490—1576）和华托（Jean-Antoine Watteau，法国画家，1684—1721），收藏这些大师们的画作，是父亲不为人知的一面。即使对朋友，他也很少展示他收藏的绘画。的确，那是他的私人珍藏！如果谁有幸获准去看它们一眼，他必定会亲自带领参观。每当这位艺术收藏家离开卡斯塔格诺拉[1]的时候，就会将画廊关闭，没有人能够进入。这个男人将他的藏画印成目录，但没有送给任何人，只是以此来纪念他的父亲。他的父亲奥古斯特•蒂森曾在1911年写信给法国雕刻家奥古斯特•罗丹，说他想走访他儿子的若洪茨城堡，因为那里藏满了艺术品。

1938年，当海因里希•蒂森-博纳米萨男爵最后一次去德国时，他在出入境的时候受到了海关人员和国家秘密警察的严格盘查。鲍曼怀疑，他肯定与希特勒或者希特勒周边的人有那么一点点不友好的关系。两年后，阿道夫•希

[1] Castagnola，瑞士卢加诺湖北岸的一个小村子，法沃瑞塔别墅所在地。

特勒找上门来了。在德国秘密警察刚刚于法国的利维拉逮捕了他的哥哥弗里茨和嫂子阿梅莉，并将弗里茨关进了纽巴伯尔斯贝格精神病院的时候，阿道夫•希特勒派了一个代表到卢加诺他的家里。纳粹元首派来的这个人开门见山地说，希特勒的意思是，蒂森应该给希特勒一份礼物。元首希望，男爵将老卢卡斯•克拉纳赫（Lucas Cranach dem Älteren，德国画家，约1475—1553）的画作《躺着的春天女神》（被老卢卡斯称为《在休息的黛安娜》）送给他。鲍曼描述了这个受到威胁的家庭下一步的命运："作为回报，希特勒建议对某些信件方面的问题都不予追究。"什么信件？就是兄长弗里茨给希特勒和戈林写的信，那些信被希特勒的宣传部长戈贝尔形容为"叛国"，并称之为"猪猡干的事"，这些已在外国报纸上刊登出来为世界所知。但是海因里希•蒂森-博纳米萨拒绝了希特勒的要求。

研究蒂森的专家卡尔•弗里德里希•鲍曼对此评论道："希特勒的要求显而易见。他和他的圣殿骑士们有一个想法，利用已处于他们控制之下的弗里茨•蒂森夫妇对海因里希进行勒索。"这个家庭的情况将会有更大的爆炸性。"他哥哥对纳粹主义的立场对他来说无法理解，或者说使他感到莫名其妙。他俩的关系在弗里茨公开与希特勒决裂以后仍保持这样。令人费解的是，弗里茨在逃离德国到瑞士后也没有试图在卢加诺他兄弟那里寻求避难。当然我们并不知道更深层的原因和当时的情况。"从20世纪20年代起，两兄弟的观点就已经存在分歧。当弗里茨想把家族企业合并到一个全国性的股份公司中去的时候，海因里希却拒绝对此事负责，并且指责其兄长。那个时候，家族企业内部的这种信任就已经遭到了破坏？

海因里希男爵在1930年就对自己是一个拥有大量绘画作品的艺术爱好者不那么保持神秘了。他开放了他所谓的艺术“小天地”，在这个戒备森严的“小天地”里珍藏着他最爱的东西，即他的所有最精美的绘画。他在慕尼黑新绘画美术馆展出了他的一些珍品，但他的策展人身份没有公开。这些作品属于他本人所收藏这一点公众并不知晓，慕尼黑绘画陈列馆只说明这些画是“若洪茨城堡”的收藏。与他的儿子完全不同，这个男人只印制了少量的绘画摄影作品，他是那些绘画大师们的坚定维护者。他曾经计划捐赠一幅收藏的绘画到杜塞尔多夫市博物馆，由于该市博物馆购买过了一幅卢卡斯•克拉纳赫（Lucas Cranach，德国画家，1472—1553）的赝品，而导致了这个捐赠计划的流产。对于任何上过油画赝品当的人，他都不想把自己的藏品交给其托管。

1921年，儿子汉斯•海因里希在荷兰海牙出生。他的教育由一位德国的有“左派社会民主倾向”的家庭女教师负责。蒂森-博纳米萨有着和父亲相同的艺术激情，当然还有对艺术事业的支持和促进，因此对他所做的以下事情就无需大惊小怪了：他拯救过佛罗伦萨的壁画，并修复了威尼斯圣马可教堂的壁画和梵蒂冈的雕塑。他扶持明茨岑提基金会，赞助匈牙利学生到因斯布鲁克，支持一个少数民族维权组织，该组织致力于维护在罗马尼亚的匈牙利少数民族的权利，例如特南斯瓦尼亚民族，博纳米萨的名字就来自于这个民族。

这位有“左派社会民主倾向”的家庭女教师，汉斯•

海因里希称她为保姆和自己后来的教育家，肯定对他产生了长久的影响。这位女教师是汉斯父母离婚后作为母亲的替补者而来的，这也重复了蒂森家族企业创始人奥古斯特的历史，找家庭女教师来充当孩子们的“代理母亲”。父亲雇佣她，要求她像对待自己的孩子一样去照顾汉斯及他的兄妹。当汉斯·海因里希年满18岁后，他便即刻解雇了她。女儿弗朗西斯卡透露，父亲经常说，一个匈牙利吉卜赛人从他的手相中读出这样的信息：他将一贫如洗而且非常孤独地离开这个世界，但他实际的生活似乎打破了这个预言。一位朋友认为，海尼的缺点是，他好像从未真正地娶过女人，只是和其中一个相爱。观察家们根据社交活动报道，这个男人往往表现得好像他想吸引注意力，成为关注的中心，甚至显得相当幼稚。他的艺术品收购行为也无声地打破了对他手相的解读。这位绘画收藏家承认，如果他每周不购买一幅画，他会不开心。可是每当过完一年，他都要宣布，他承诺将来不再继续买画了，他已经满足，该停下来了。可是几个星期之后，他又在拍卖行参与竞拍了。他有一幅油画，画幅很小，画的是一艘黑色的帆船正在驶进一个港湾，夕阳西下。这幅画是黑色的，是德国画家卡斯帕·大卫·弗里德里希（Caspar David Friedrich, 1774—1840）在他去世那一年画的。这也是这位伟大的收藏家一生中购买的最后一幅画。

在海牙，汉斯·海因里希上的是德国的完全高中。在战争年代，他经过荷兰和法国逃亡到了瑞士。但那时候，艺术在他的生命中还不重要。当希特勒掠夺了德国的博物馆，将所谓“堕落的艺术家”从博物馆赶走后，1937

年，在卢加诺，就有了蒂森-博纳米萨收藏的古典大师们的画。当儿子汉斯•蒂森-博纳米萨刚刚16岁的时候，父亲就以极大的热情，故作神秘的方式，以及单纯而强烈的对艺术的热爱，根据自己的嗜好精挑细选出所有的藏品，以此建立起自己的私人艺术画廊。家里所有的房间，包括未成年人的，都成了罕见的艺术场所。在这种氛围下，父亲带着16岁的男孩漫游在新建成的艺术画廊中。这仅仅是一个很小的开端。第一次与古典大师们的奇遇震撼了这个年轻人，而且这种震撼显然还持久不衰。阿尔特多费尔、卡尔帕乔、科雷吉欧（Correggio，又名Antonio Allegri，意大利文艺复兴时期画家，1494—1534）、老卢卡斯•克拉纳赫、丢勒、凡•戴克（van Dyck，英国画家，1599—1641）、扬•凡•艾克（Jan Van Eyck，荷兰画家，1385—1441）、戈雅（Francisco José de Goya y Lucientes，西班牙画家，1746—1828）、弗兰斯•哈尔斯（Frans Hals，荷兰画家，约1580—1666）、汉斯•荷尔拜因（Hans Holbein the Younger, 德国画家，约1497—1543）、梅姆林（Hans Memling，早期佛兰德斯地区画家，1430—1494）、帕尔马•韦基奥（Palma Vecchio，意大利画家，约1480—1528）、皮耶罗•德拉•弗朗西斯卡（Piero della Francesca，意大利画家，约1415—1492）、拉斐尔（Raffaello Sanzio da Urbino，意大利画家，1483—1520）、鲁本斯（Rubens Peter Paul, 荷兰画家，1577—1640）、提香、乌切洛（Uccello，意大利画家，1397—1475）、维拉斯凯斯（Diego Velázquez，西班画家，1599—1660）……这些大师们每天都围绕着他。“我完全沉浸在这些古典大师们的精神海洋里。”这位16岁的年轻人可能被这第一次画廊之旅给震撼了，是因为那些绝妙无比而且在当时已经极其昂贵的艺术品。如果年轻的汉斯•海因里希被带锯齿边的小幅绘画迷住，那么这个年轻人将来就可能会收藏邮票了。1940年至1945年间，他作为法律与经济学专业的学生在瑞士的伯尔尼和弗赖堡学习的时候，其实很少对艺术感兴趣，而更多的是对哲学和体育感兴趣。他对体育保持着终生兴趣，他称网球、游泳和滑雪是其最喜欢的休闲活动。在他的青春时期，在公开场所，他总是喋喋不休地对所谓的时尚女人大谈他的爱好，并且他在外型上也总是保持着一种运动休闲的优雅。作为学生，他有时也造访还有空座位的艺术史讲座，但更多的兴趣是在游泳和踢足球方面，当然还有女人。

然而，他发现了一条属于自己的通往现代艺术之路。在阴郁的战争年代，德国表现主义绘画吸引了他，“因为他们体现了一种反法西斯运动的方式”。现代绘画对于父亲来说什么也不是，抽象画使他眩晕。儿子也不喜欢现代绘画。这位艺术品收藏家最喜欢的颜色是红色，特别是在有葡萄酒的时候。他称德加（Edgar Degas，法国印象派画家，1834—1917）是他最喜欢的画家。他不喜欢“德国新野兽派绘画”，“因为表现主义时期的原创就比它们好十倍”。虽然他喜欢彭克（A. R. Penck，德国新表现主义画家，1939—2017），但对巴泽利茨（Georg Baselitz，德国画家，生于1938年）却有尖刻的批评。“把一些东西弄得颠三倒四来让人感兴趣，这是无稽之谈。”同样，他对波普艺术圣画像以及安迪•沃霍尔（Andy Warhol，美国波普艺术家，1928—1987）也批评得一无是处。“我的倒数第二个妻子曾经让沃霍尔画肖像。沃霍尔给她拍了照片，然后他的‘工厂’对照片添加上不同颜色，然后就有了我妻子红头发的画像，金黄色头发的画像和黑头发的画像了。这可完全不是艺术！”最后，蒂森将那些画退回给了沃霍尔。他很欣赏自己认识的画家弗朗西斯•培根（Francis Bacon，英国画家，1909—1992）和卢西恩•弗洛伊德（Lucian Freud，德裔英国画家，1922—2011）。他在1981年至1982年间曾经作为模特坐在卢西恩•弗洛伊德面前，请他为自己画肖像。这对其他人来说可能难以理解。而对于另一个画家，他又会这样说，“他建立一个长方形的空间，在角落里挂上一盏灯，然后称这全部就是‘装甲车’，这一类东西跟我一点关系都没有。一幅画必须打动我，否则我是不会为它花一分钱的”。

有一幅表现主义画家的作品，使年轻的蒂森-博纳米萨转向了现代艺术，那就是已经提到过的埃米尔•诺尔德（Emil Nolde，德国表现主义画家，1867—1956）的水彩画。他冲破了父亲对现代艺术反感而给他的束缚，购买了这幅诺尔德的作品。从那时起，他就开始按自己的意愿不断扩大绘画收藏。汉斯•海因里希•蒂森-博纳米萨和他的兄弟姐妹在战后不仅继承了父亲的画，而且也承担了父亲留下的债务。艺术史专家海纳曼博士在20年代末以及后来向海因里希•蒂森-博纳米萨建议，他必须赶在纳粹得势之前逃往美国。蒂森的儿子汉斯•海因里希谈到，那时候，每个人都在变卖自己所拥有的东西。而父亲海因里希则在不停地买买买。那时候，资本禁止流出德国。父亲海因里希需要钱。他就将自己的企业作为抵押从一家荷兰的小银行得到大量贷款。那么1945年以后怎样还这笔巨额债务呢？汉斯·海因里希·蒂森-博纳米萨对此毫不忌讳，微笑着道出了真相："真的是有那么一点好运气，最后是荷兰的纳税人帮我还清了债务。根据所有的规定和法律，荷兰的财政部长轻而易举地把我们的债务变成了战前应分得的红利。最后，我还额外得到了生活费。"

在20世纪90年代初，专业人士有些过分地称赞了父亲和儿子的所作所为。"两位古典风格鉴赏家这种独特的按艺术史脉络来进行收藏的热情在今天越来越少见，这样的收藏风格也为博物馆带来了巨大的声誉。"蒂森-博纳米萨虽然继续购买古典大师们的作品，但他现在也有了新目标，就是发掘和购买美国画家的油画，将它们作为另一个收藏的基础。这些美国画家包括：约翰·辛格顿·科普利（John Singleton Copley，1738—1815）、托马斯·科尔（Thomas Cole，1801—1848）、弗雷德里克·埃德温·丘奇（Frederic Edwin Church，1826—1900）、温斯洛·霍默（Winslow Homer，1836—1910）、约翰·辛格（John Singer Sargent，1856—1925）、爱德华·霍普（Edward Hopper，1882—1967）、乔治娅·奥·吉弗（Georgia O'Keefee，1887—1986）、罗伊·利希滕斯坦（Roy Lichtenstein，1923—1997）、理查德·埃斯蒂斯（Richard Estes，1932年出生）。他购买德国和法国浪漫主义画家、立体主义画家、未来主义画家的作品，也购买俄国构成主义画家（The Russian Constructivism，或称俄国结构主义）的画，还购买一些特别的画家的作品，包括巴尔蒂斯（Balthus，法国画家，1908—2001）和汤姆•韦塞尔曼（Tom Wesselmann，美国画家，1931—2004）的画。他不仅拥有珍贵的莫奈的画，也有塞尚和高更的画。他自己收藏的画多是20世纪大师的作品：詹姆斯•恩索尔（James Ensor，比利时画家，1860—1949）、德仁（André Derain，法国画家，1880—1954）、恩斯特•路德维希•凯尔希纳（Ernst Ludwig Kirchner，德国画家，1880—1938）、莱昂内尔•法宁格（Lyonel Feininger，美国、德国立体主义、表现主义画家，1871—1956）、马克•夏加尔（Marc Chagall，奥地利表现主义画家，1887—1985）、奥斯卡•柯克西卡（Oskar Kokoschka，法国印象主义、立体主义画家，1886—1980）、埃贡•席勒（Egon Schiele，奥地利表现主义画家，1890—1918）、胡安•格里斯（Juan Gris，西班牙立体主义画家，1887—1927）、费尔南•莱热（Fernand Léger，法国画家、雕塑家，1881—1955）、巴勃罗•毕加索（Pablo Picasso，西班牙画家，1881—1973）。毕加索刚好是他收藏的第10位画家，不过，汉斯•蒂森-博纳米萨说他被高估了，因为他画得太多了。还有吉诺•塞韦里尼（Gino Severini，意大利画家、雕塑家，1883—1916）、萨尔瓦多•达利（Salvador Dali，西班牙超现实主义画家，1904—1989）、马克斯•恩斯特（Max Ernst，德裔法国画家，1891—1976）、杰克逊•波洛克（Jackson Pollock，美国抽象表现主义画家，1912—1956）、罗伯特•劳森伯格（Robert Rauschenberg，美国画家，1925—2008）、罗伊•利希滕斯坦、卢西恩•弗洛伊德、弗朗西斯•培根、库尔特•施维特斯（Kurt Schwitters，德国画家，1887—

1948）、皮特•蒙德里安（Piet Mondrian，荷兰抽象主义画家，1872—1944）以及超级写实主义（照相写实主义）绘画大师们的画。这些收藏能和一个博物馆的收藏媲美。的确，超级收藏家蒂森在购画方面每年的花费比德国任何一家博物馆都要多。蒂森-博纳米萨没有设定预算，有一个行政主任对此项工作负责。

这个人一定有强烈的、收藏强迫症似的热情。印象最深的例子是他购买荷兰抽象主义画家皮特•蒙德里安1912年画的《灰色与蓝色构思》。对此，艺术评论家罗曼•霍勒施泰因说："蒂森在1982年4月以冒险的方式购得这幅画。在通过巴黎的行车路上，他在一本拍卖目录中看到了这幅画，这立刻激发了他的巨大收藏热情。既没有受到当天美国大使馆要宴请他的影响，也没有受到当天停电的影响，当晚，他就通过电话在伦敦竞拍得到了这幅画。"收藏显然是蒂森家族固有的激情。家族企业王国的缔造者奥古斯特就从罗丹的雕塑作品开始了收藏。这种对收藏的热情一直传承到了蒂森家最年轻的后代。蒂森-博纳米萨最小的妹妹，加布里尔•本亭克男爵夫人，她常被人称作贝贝。贝贝被各种古旧的小东西包围着，她收藏的古董是如此丰富，以至于不知道将它们放在哪里。是大哥帮助了她，将自己的仓库提供给她用。乔治•海因里希，汉斯•海因里希的大儿子，在20世纪末21世纪初和父亲陷入法律纠纷的那一位，他收藏的是瑞士阿尔卑斯山南部恩加丁地区的农民家具。

其他的亲戚也从事收藏或者曾经从事过收藏。例如，通过亲戚的关系，那幅由15世纪荷兰画家彼得鲁斯•克里司图斯（Petrus Christus，荷兰文艺复兴时期画家，约1410—1476）画在一块很小的橡木板上的《枯树前的玛多娜》就经过多方辗转成了汉斯•海因里希的收藏。这幅宝贵的油画原来属于阿梅莉•蒂森男爵夫人，也就是汉斯•海因里希的伯母，他伯父弗里茨的妻子。在弗里茨•蒂森的艺术品收藏中，这幅画出自于柏林的一个私人收藏。伯母阿梅莉在丈夫去世后继承了这幅画，并且想把这幅画送给她的侄子汉斯•海因里希，她向他承诺过。当这位侄子同第二任妻子黑皮肤的时装模特明星尼娜•戴尔离婚的时候，伯母阿梅莉对此嗤之以鼻，收回了她的承诺，并且将《枯树前的玛多娜》这幅画送给了别人。被赠予这幅画的人就是联邦德国总理康纳德•阿登纳。天主教徒阿登纳与天主教徒蒂森很早就是朋友。1924年，家族企业缔造者奥古斯特•蒂森在他去世的两年前，作为当时的科隆市长，阿登纳曾陪同他最后一次到位于杜伊斯堡被命名为“德国皇帝”的褐煤矿井井下参观。《枯树前的玛多娜》是一幅表达天主教教义的画：玛利亚和她的孩子被一棵枯树的树枝包围着，就像戴着一个没有花、没有叶的玫瑰花环似的荆棘头冠。送这幅画是伯母阿梅莉为了感谢那非常有分量的带星联邦十字勋章和肩式绶带，那是阿登纳在1960年8月亲自为她戴上的，是对她和她女儿阿妮塔的弗里茨•蒂森基金会的表彰。阿梅莉是第一位受此殊荣的女性。侄子汉斯•海因里希讥讽道：“真是个二流的货色。”因为阿登纳对这幅画毫无所知，他辜负了这幅一流品质的绘画杰作。而且，竟然把这幅画贱卖了，但他不知道买主是谁。后来，这位德国总理有一天作为蒂森在法沃瑞塔别墅的访客突然又站在了这幅曾属于他的绘画面前。他似乎是偶然地问：这幅画值多少钱？一百万马克。当他冷静地迈向下一幅画的时候，脸上没有任何表情变化。这个来自莱茵河畔的谙于世故的滑头！

每一幅画都有它的价格。在蒂森-博纳米萨这里，每一幅画都有它特别的故事。它们的收藏者汉斯•海因里希和他父亲海因里希会讲出每一幅画的故事。回答许多艺术爱好者的提问，例如，一幅画为什么是这样或那样画成的，通常要比想象的要简单。汉斯•海因里希•蒂森-博纳米萨和现代艺术家经常彼此认识或者是朋友。“有一次我问夏加尔，为什么在他的画中天上总是有一只在拉小提琴的奶牛。很简单，夏加尔说，他在农村长大，周围总是有一些奶牛。所以我就这样把奶牛画在了天上。”

一个收藏的亮点是荷尔拜因（Hans Holbein，德国画家，1497/1498—1543）的肖像画《亨利八世》。那幅画本来应该由英国女王来收藏，但她的藏品中却缺少了它。父亲海因里希•蒂森-博纳米萨渴望得到这幅油画胜过其它东西。这幅画他是同一个汽车狂热爱好者讨价还价而购得的。卖主是斯宾塞伯爵，他是英国的梦幻公主戴安娜王妃的祖父，戴安娜王妃在一次车祸中不幸去世了。海因里希同这位祖父谈妥，用一部昂贵的高速雪橇和一部法国布加迪跑车来交换那幅《亨利八世》肖像画。由于这幅本该由英国王室收藏的荷尔拜因的画，查尔斯王子就应该被判刑囚禁在卢加诺，以守护他祖先的那幅肖像画。汉斯•海因里希•蒂森-博纳米萨认为，查尔斯王子很有魅力，也做过很大的努力。但他误解了查尔斯和玛格丽特公主的艺术鉴赏力。而且还有伊丽莎白二世，难道在私人艺术品收藏方面她是他的竞争对手？这时候，蒂森-博纳米萨又成了爱开玩笑的家伙：是呀！有一次，在阿斯科特赛马场，他谈论赛马，同时也顺便提及女王的艺术品收藏。他说女王的画不是她自己去收藏得来的，而是她继承的遗产的一部分。

有时候这位收藏了许多绘画的先生会变成一个招人喜欢的好顾问。汉斯•海因里希曾经对评论家彼得•萨格尔讲到，他同另一位百万富翁、艺术品收藏家以及博物馆捐助人之间会面的趣事："有一次我在卢加诺的街上碰到了盖提老先生。他住在火车站旁一家条件非常恶劣的旅馆。我就邀请他到我那里做客。'我有一个女朋友。'他说。'那尽管带上你的女朋友。'我回答。'我有一个侍……侍卫。''您不需要他，我们这里有侍卫。'他希望待三天，但结果他待了三个月。他在我这里举行家庭会议，有时候还有其他女朋友到这里来。他很喜欢这里。我劝说过盖提，不仅要买廉价的艺术品，更要买一流的艺术品。"

在2001年9月，艺术品收藏界对蒂森-博纳米萨这位花花公子的两种激情之一表示惊叹。展出的84幅作品涵盖了从早期古典主义到向女人献殷勤的美国罗曼蒂克式的绘画作品，从勃鲁盖尔（Pieter Bruegel，尼德兰画家，约1525—1569）的风景画到康定斯基（Wassily Kandinsky，俄国抽象派画家，1866—1944）的抽象作品都包括在内。这次的展出地点是位于波恩的联邦德国艺术展厅。许多参观者都对这些绘画惊叹不已，印象深刻！法国画家安德烈•德朗（Andre Derain，1880—1954）的画作

《滑铁卢大桥》那鲜艳夺目的色彩，威尼斯画家卡纳莱托（Canaletto，1697—1768）那小巧玲珑的威尼斯风景画，法国风景画家克劳德•洛兰（Claude Lorrain，1600—1682）那理想主义的田园画《逃往埃及》，荷兰巴洛克画家简•凡•哥耶恩（Jan van Goyen, 1596—1656）那绝妙的冬季风景画，或者法国画家卡米耶•柯罗（Camille Corot，1796—1875）那充满诗意的画《孤独》。所有这些画，尽管它们不是完美无缺的，百科全书式的，也不是过去500年中风景画的艺术风格史大全，但却是非常容易理解的、有代表性的画。它们是那样的美妙，要是这些艺术珍品能够长期在此让人观赏该有多好。

当时的联邦德国也争先恐后地参与为艺术品收藏大亨蒂森-博纳米萨的收藏展览提供最佳场地。这位亿万富翁、艺术品收藏家要决定在什么地方长期展出的问题，自1987年以来，惊动了许多国家和政府的人。他每年要在卢加诺制订画廊扩展的计划。在做计划时，他关心的东西众所周知，是要把收藏的一部分纳入一个基金会。为了将来更好地保存珍贵的绘画。由此造成了一种特殊的国际竞争。愿意提供藏画展览地的有许多国家和地区，有西班牙、加利福尼亚、德国、英国，甚至新西兰。许多德国城市和州政府也愿意提供展览场所。例如，德国巴登-符腾堡州部长会议主席罗塔•施班斯就提出要把过去符腾堡公爵的住宅路德维希城堡宫殿用作珍贵绘画的长期存放展出地。

蒂森-博纳米萨最初认为这个国际上的讨价还价“非常愉快和有趣”。他承认，“如果别人有这种印象，好像我在利用一方去玩弄另一方”的时候，这会使他感到尴尬。如果别人问他：“谁开出的条件更好一些？”这会使他很不舒服。这不是一场拍卖会。波恩市长丹尼尔让这位热衷藏画的亿万富翁乘坐直升机来观看城市中最美丽的地方，以寻找一个合适的博物馆。对积累起来的精选艺术品的渴求有时候会取到事半功倍的效果。艺术帝国主义者蒂森-博纳米萨引述了德国总理赫尔穆特•科尔博士讲过的一句话，他想，一座新的蒂森美术馆可能是波恩的一大亮点，可以吸引更多国家的女性首脑前往。

莱茵河谷地区以及斯图加特市的说服工作都失败了。1988年4月，巴登-符腾堡州的施班斯为存放蒂森宝贵艺术藏品的地方进行整修装饰的梦想也没能实现。波恩和斯图加特对蒂森-博纳米萨来说太小，哦，不，是那个人不想在那里生活。到了最后，还是应了那句老话：血浓于水。最后选定的地方是西班牙马德里，那是他第五个妻子的故乡，并使汉斯•海因里希•蒂森-博纳米萨的两种激情得到了统一。西班牙国家对于这位收藏家的慷慨报之以在马德里普拉多美术馆对面设立一个宏伟的博物馆作为这些珍贵绘画的展出地。画的主人也跟随他的珍贵绘画在马德里定居。自1992年10月以来，艺术品收藏大亨和他的父亲几十年收藏的顶尖艺术珍品在西班牙马德里德帕拉西奥•比亚埃尔莫萨宫开放给公众欣赏。展出的作品多达13000多件。据绘画主人估计，有一半古典大师的作品，有一半现代画家（包括19世纪画家）的作品。“西班牙是最好的解决方案，”他说，“马德里作为展出地点是独一无二的，无论巴黎还是伦敦都不比这里更好，斯图加特不是一个世界大都市。”根据一项框架协议，他先将这些绘画借出10年。这时证明蒂森-博纳米萨是一个商人了：他获得每年750万—900万马克“租赁费”。此外，西班牙政府还提供一笔1.38亿马克的资金建立一个基金会，基金会的主席是汉斯•海因里希•蒂森-博纳米萨。他将借给西班牙的那批藏画以5.6亿马克的价钱卖给了基金会，这些艺术品的保险也由西班牙政府承担。毕竟这位藏画贵族资本家的慷慨也是有瑕疵的。

伦敦的那些人对艺术品收藏大亨选择马德里的决定大失所望。可以说他们已经在竞争中派出了他们最好的“精英团队”。英国首相“铁娘子”撒切尔夫人递交过一份“详细的书面报价”，英国的报纸也刊登出为修建“蒂森艺术之家”的建筑设计草图，而且关于同意或反对接纳这批艺术珍藏也展开了非常激烈的公开辩论。查尔斯王子还驾驶他的喷气式飞机飞往卢加诺，以恳求将包括荷尔拜因画的《亨利八世》国王肖像的这批藏画安置在伦敦。

英国人对这次碰钉子，不管是不是因为艺术品收藏大亨的原因，他们的复仇都没有等太久。英国的新闻媒体，甚至连那些严肃有信誉的媒体都报道了一起涉及这对艺术品收藏家夫妇的法律纠纷。这场纠纷是关于他们的一个卫生间二次粉刷时工人账单的问题，原因是丈夫汉斯•海因里希拒绝付款。英国的报纸幸灾乐祸地大肆传播这家女主人与马德里的工匠、建筑师以及装饰人员之间的争吵。相反，在这期间，由于众所周知的马德里选址决定，卡门•塞尔薇拉•蒂森-博纳米萨几乎成了西班牙的圣人。而伦敦报纸《星期天独立报》援引了设计师胡里安•菲南德茨的话："这位夫人完全不知道她在干什么。关于艺术和室内装饰设计她都一窍不通。人们只需看一看她的穿着多么俗气，就知道她完全没有艺术鉴赏力。"就是在这个时候，蒂森夫人卡门正积极地要通过她自己的艺术品购买来扩充蒂森艺术品收藏。她的丈夫汉斯•海因里希•蒂森-博纳米萨在评论英国新闻媒体的宣传活动时，一如既往地用了简洁的语气："太晚了"，他说，如果英国人要为争取他的藏画做出努力的话，"太晚了"！

卡门•"蒂塔"•塞尔薇拉，1961年的"西班牙小姐"（西班牙选美大赛冠军），不久后在世界选美大赛中又获得第三名。八年之后成为出演过电影《人猿泰山》和《毁灭老手》的演员雷克斯•巴克尔（他是我见过的身材最好的演员之一）的遗孀。她的确对蒂森藏画的展出地点选在马德里起到了决定性的作用，尽管她和丈夫强调是西班牙国王陛下本人起了决定性的作用。在一个男人身边，如果拥有价值数百万马克的艺术作品已经不是奢侈的话，她感到有乐趣的，或许更多的是给自己设定一个任务去完成（"我第一次发现艺术品收藏还有一些相当正面的东西"）。这位第五任妻子对昂贵的绘画有了越来越高的审美品味，同时也培养了一种去寻求珍贵绘画的意识。由于中风而变得虚弱，汉斯的心里虽然还一直挂念着艺术，但这颗心已经不再健康了，所以在20世纪他生命的最后10年，他将艺术品的购买工作交给了他的"蒂塔"。家族公司和艺术品收藏的奠基人奥古斯特•蒂森要是再拥有像卡门•塞尔薇拉•蒂森-博纳米萨这样的女人就好了。艺术品收藏一天一天地变得更丰富，这也是这位妻子的雄心所在。她大量地购进绘画作品，差不多又额外增加了一个完整的收藏集。一方面，她增加收藏的古典大师作品毫无例外地都来自老蒂森拥有的藏品；另一方面，许多现代作品则贴着拥有者的标签："卡门•蒂森-博纳米萨"。所有1993年以后购进的艺术作品都是她自己藏品的一部分。

丈夫汉斯•海因里希为她的收藏奠定了很好的基础。他送过她两件罗丹的雕塑作品，为这两件作品他的祖父在1905年8月曾向那位法国雕塑家恳求并在其面前献殷勤，最后将它们作为委托作品而购买下来。丈夫汉斯•海因里希留给妻子卡门几幅18世纪意大利画家的画，以及戈雅（Francisco José de Goya y Lucientes，西班牙画家，1746—1828）的《水井旁的乞丐》，德国大桥派[1]表现主义画家的画和一些印象派画家的画，还有许多其它的绘画作品。"让我的妻子承担这些工作责任可以说是把她扔到了大海里学游泳。"他们一起走访世界上最重要的博物馆。她就像他的一个研究生，他同她长时间地坐在那些作品前进行解释和讲授，就像父亲以前对他自己一样。毫不奇怪，她把这看作她最重要的人生体验：整整三天，"只有海尼、博物馆馆长和我在比亚埃尔莫萨宫博物馆围着775幅绘画作品转悠。我们在十分陶醉的状态下彻夜工作。在那些日子里，我的心里萌生了收藏艺术品的想法"。

"陶醉"，这是汉斯•海因里希•蒂森-博纳米萨生活的一个关键词吗？在那些使他变得不朽的许多次采访中，

---

[1] 该画派的取名源自柏林的大桥博物馆。

总是出现这样类似的说法："如果他刚好不在路上，那一定是因为美丽的绘画作品。"然而他总是在路上，同样是为了美丽的绘画，美丽的女人，以及为了他的公司。这看起来像一个不安分的人过的生活，总有三样事情使他不得安宁。而他总能以陶醉的眼光看待这三样事情，这三样事情就是：女人、艺术品和公司股份。此外，"陶醉"还表现为他在学生时期大量地饮酒。他说过（或者至少这样表示过），学生时代，他曾在一个晚上喝了120小杯啤酒，在早餐前喝六大瓶啤酒，午餐时喝两三瓶白葡萄酒再加上六小杯樱桃酒。而今天，他在1986年说，他喝不了那么多了。他仍然喜欢喝葡萄酒，也喝些伏特加，尽管在俄国19点以后才被允许喝伏特加，但这样也是令人非常愉快的。

为了纪念她的艺术品收藏家丈夫，卡门•蒂森-博纳米萨曾说过的话被引用刊登在波恩市美术展览目录的第一页上，带着兴高采烈的意味：这次展出"非同寻常，因为我自己收藏的油画第一次与蒂森-博纳米萨博物馆的油画共同在一个专题展中奉献给大家"。毕竟她是卡门•蒂森-博纳米萨男爵夫人，是"蒂森-博纳米萨艺术品收藏基金会董事会"的副主席，并且她丈夫是基金会的名誉主席，蒂森-菲柳斯•亚历山大[1] 是该基金会十名董事会成员之一。

2001年9月波恩展览期间，大约有500件作品是出自于这位收藏家夫人。1996年她在伦敦苏富比拍卖行以

[1] 汉斯·海因里希·蒂森-博纳米萨最小的儿子，与第四任妻子莉莲娜·邓尼斯所生。

50万英镑的价格拍得了文森特•梵高（Vincent Willem van Gogh，荷兰画家，1853—1890）的《根讷普的水磨房》。一年以后，她花了352万美元在克里斯蒂拍卖行购买了乔治•布拉克（Georges Braque，法国立体主义画家，1882—1963）的一幅风景画。1999年她以自己的名义花50万英镑收购了高更的一幅早期作品《有狗的风景》，以及花160万美元购买了让•巴蒂斯特•卡米耶•柯罗（Jean Baptiste Camille Corot，法国画家，1796—1875）的一幅河岸风景画。这些收购行为再次在这对配偶之间引起了很大轰动。这位夫人的西班牙卡泰兰血统促使她花数百万美元购买了一位二流西班牙画家的斗牛场景画，民间有人唏嘘，那价格实在是太贵了。对此她的丈夫却认为这只是个教训，每个人都会犯错的。这位收藏家妻子收藏的最好作品，恰恰是她的收藏家丈夫送给她的礼物。不过一些专家猜测，通过赠送，应该从蒂森家的法律纠纷中拯救了这些私人藏品。怎么会这样？在这些富人们的生活中，美好的事物最后总会像衣服一样沾上污垢。父亲汉斯•海因里希•蒂森-博纳米萨和儿子乔治•海因里希•蒂森-博纳米萨之间就有纠纷。纠纷所涉及的经常是金钱。

当蒂森-博纳米萨于1985年8月与玛利亚•德•卡门•塞尔薇拉-费尔南德茨•冯•戈尔之间点亮了婚姻之灯后，这个男人的生活变得相对平静了。她也许并不热衷于承担主要工作，但他却强调，自己的第五任妻子是承担主要工作的首选。她非常努力，而更重要的是：“她有兴趣，精力旺盛，而且身材也还不错。”他前妻们的身材也都不错，可以说都是了不起的女人。这位男士的妻子们，全都可以被视为明星。选择塞尔薇拉做第五任妻子还有一个世界主义的原因。首先，是利珀-魏森费尔德的特蕾莎公主，她于1946年至1954年期间是他的第一任妻子。他们的儿子乔治•海因里希生于1950年。继公主之后是英国模特儿尼娜•戴尔，一位锡兰[1]大种植园主的女儿，皮肤深色。她于1954年做了蒂森•博纳米萨一年的妻子。在此之前，前阿根廷足球后卫沙帕勒利向这位巴黎沙龙的明星模特儿求爱三年。后来，经过与阿伽汗的儿子萨杜丁的所谓伟大爱情之后，她受到了抑郁症的折磨，严重到企图自杀。蒂森•博纳米萨的第三任妻子是英国海军上将的女儿菲奥娜•坎贝尔-瓦尔特，来自于一个古老的苏格兰高地部族家庭，同时也是匈牙利特兰西瓦尼亚家族的后裔，这个家庭曾被卡尔六世皇帝（玛利亚•特蕾莎女皇的父亲）封以男爵的贵族称号。当时她的照片是英国最漂亮的摄影模特儿明星照，不仅刊登在《生活与时尚》杂志封面，而且还挂在所有西方军营的墙上。在汉堡的赛马比赛中，她遇到这位钢铁产业的继承人。他如此评价她："菲奥娜是一个完美无缺的妻子。"在与她八年的婚姻中，他们有了两个孩子，1958年出生的弗朗西斯卡•安娜和1963年出生的洛恩•约翰内斯。他们离婚后，菲奥娜的名字以这种方式出现在报刊上："美丽的菲奥娜与荷兰肥胖油腻的亿万富翁亨利•尤根斯快乐地在一起。"或者与奥纳西斯16岁的儿子亚历山大传出绯闻。和第四任妻子在一起是轰轰烈烈的。1967年，蒂森•博纳米萨与天生小巧玲珑的巴西银行家的女儿莉莲

[1] Ceylon，今斯里兰卡。

娜•邓尼斯结了婚。与她的婚姻维持了17年。莉莲娜•邓尼斯1974年生了一个儿子叫威尔弗雷德•亚历山大。汉斯•蒂森•博纳米萨德同这四位妻子都离了婚。所有的四次婚姻都破裂了，最后一次离婚是在1984年。

不知是否是他早期的童年经历，也就是在他六岁时父母离婚，造成的心灵创伤，继而在与四位妻子的分离中显露了出来。这只是一种猜测。但有一次他承认："做出一个与妻子离婚的决定，总是最黑暗的时刻。"最后一次离婚的理由是卡门•塞尔薇拉，后来的第五任妻子，当时45岁，依然漂亮，西班牙人。当他们在1981年相识时，在撒丁岛科斯塔-斯梅拉尔达的翡翠海岸，他明目张胆地盯着阿迦汗帆船上的那位金发女郎。"当时我感到，他在我的背后打量某个人。他看我的时候，就像是在看他想购买的一幅画。"她这样回忆她同她第三任丈夫的第一次会面。嫁给饰演"人猿泰山"的演员雷克斯•巴克尔之后，她的第二任丈夫是委内瑞拉的桑托尼先生，他曾经为她在德国演员库尔德•尤根斯的电影中安排了一个角色，但是没有太多的公众影响力。可是这段幸福的婚姻被蒙上了阴影：桑托尼并没有离婚，卡门嫁给了一个重婚者。这时，在撒丁岛偶然遇到的汉斯•海因里希•蒂森-博纳米萨成了救世主。"从那时起，我们就再没有分开。他是我童话中的王子。有时候我把写给他的诗放在他的写字台上。"

可是，邓尼斯•蒂森-博纳米萨，当时还是汉斯•海因里希的第四任妻子，据说还让私人侦探对她丈夫进行调查，这是他咎由自取。莉莲娜•邓尼斯•朔尔托从英国移居到瑞士，因为在瑞士她可能获得更大的权益，可他们1984

年还是在伦敦离的婚。有报道说，这对夫妇进行了长时间的关于珠宝首饰方面的争执。事实上这些珠宝首饰涉及的价值达数百万马克。例如，蒂森-博纳米萨要求收回价值150万马克的订婚戒指和其它首饰，这些首饰他应该是在过去的那些时光中在早餐时放在这位前恋人的咖啡杯旁边。伦敦的法官裁定：邓尼斯必须交出现在价值4000万马克的珠宝。这些是施舍，他们应该说，这些是配偶之间的礼物交换。她可以保留的是：价值1200万的首饰，位于玛尔贝拉的两幢别墅，撒丁岛的一幢海岸别墅，一些赛马，一艘游艇，以及像报纸上所说的，“一些小钱，差不多100万”。

1987年4月，在一份叫《观察》的报纸上，这位庄重的瑞士女人出现在警察局一份关于公司犯罪的报告中。“1984年，他们10年之久的婚姻由于男爵的出轨行为最后破裂。然后，开始了一系列涉及金钱、珠宝、房产、裘皮大衣的争夺战。男爵要求退回总价值500万瑞士法郎的首饰，那是他在过去幸福的时光里送给她的。邓尼斯坚持认为，珠宝属于她自己的财产。随后蒂森的律师以贪污的罪名通过国际通缉令在瓦卢茨将她逮捕，她被引渡到瑞士，缴了100万保释金后获释。邓尼斯可以离开瑞士前往国外，但必须随时回应瑞士当局的传唤。男爵进行了新的打击：他让一家苏黎世银行冻结了给她的一笔赡养费，这笔费用是留给他们共同的儿子亚历山大的。”1988年，瑞士的一个法庭宣判了免除对这位前妻贪污罪的指控。

这位富有的男人同四位前妻肯定也曾经有过美好时光，不过没有长久的幸福。到了退休的年龄，他坦诚地道出了未实现的愿望："开始我是幻想一生只有一个妻子的。第一位妻子非常好，出身于一个好家庭。其所犯的错误是同我的弟妹们争夺我父亲的遗产，后来甚至发展到想和我妹妹的丈夫结婚的地步，以及其他诸如此类的事情。尽管事情做得很大方，但我还是觉得事情有点过分，而且从长远来看，让人难以忍受。"大概只有他的最后一位妻子才能理解他作为商人他的收藏以及他的生活的意义。在与邓尼斯闹离婚期间，有一份报纸也谈到了卡门•塞尔薇拉，说"可爱而善良的卡门出身于良好的西班牙家庭，带了一个孩子。她把在以前婚姻中充满猜疑、性格孤僻、非常苦闷的男爵汉斯·海因里希•蒂森变成了现在总是有好心情、待人和蔼的男人"。

他生活中笼罩着的辛酸是缘于后来的其它事情，是由于他的长子而引起的。在20世纪末21世纪初的那段时间，当他迈入老年之门时，经历了自己人生的惨败。"我有种印象，他们都会过得很好。"当一位父亲这样谈起他的孩子们，那是多么的美好。"难道我不是一个幸福的人吗？"他有一次在谈起他的长子乔治•海因里希的时候说："他是家里最可靠的孩子。"2001年，父亲蒂森-博纳米萨针对他的儿子乔治•海因里希领导的信托公司提起了诉讼。据称是由于这个年轻人没有履行按合同规定对其父亲的支付义务。据说，妻子卡门对此负有责任，她是这场法律纠纷的推动力量。而在这场法律纠纷中，律师们挣到了最多的钱。到2001年秋天的时候，这场法律诉讼大概已经花费了2.3亿马克。

这桩诉讼案导致的结果是，他没有出席2001年9月在联邦德国波恩艺术展览厅举行的为庆祝蒂森-博纳米萨男爵80岁生日而举办的从勃鲁盖尔到康定斯基的风景画展览开幕式，并且也没有去参观他自己藏画的展览。“我最小的儿子亚历山大似乎继承了我对艺术的热情。他现在才十一岁，就经常在画廊里看上几个小时。”这是蒂森-博纳米萨男爵1985年说的。2001年11月，高大强壮的保镖们经过了拥挤的人群跟到了这次展览的新闻发布中心。这个新闻发布会的关注焦点是男爵夫人和她的儿子。卡门•塞尔薇拉在1985年结婚之时就把她的儿子博尔亚带进了她的婚姻。这孩子的生父不知道是谁，有人说是一个西班牙的演员。蒂森-博纳米萨收养了这个当时只有8岁的男孩。他似乎与第五个妻子的家庭有密切的联系。在一次展览会开幕式上，他甚至令人吃惊地要求所有客人为他已故的第五任岳母默哀一分钟。

孩子们在这个令人眼花缭乱的生活中增添了自己的色彩。1993年2月，汉斯•海因里希•蒂森-博纳米萨在女儿婚礼上的穿着打扮像轻歌剧中新娘的年迈父亲一样。在女儿弗朗西斯卡的一生中，曾经试图成为通俗歌唱家而寻求幸福已成为过去。同样，作为内衣模特儿摆出各种诱人的姿态也已成为过去。这一次，是其它的特质激发了卡尔•冯•哈布斯堡-罗特林根对她的爱。卡尔当时32岁，是奥地利最后一个皇帝的孙子，是欧洲政治家，前奥匈帝国的王储，以及哈布斯堡王朝首脑奥托•冯•哈布斯堡的长子。

天空湛蓝，白雪堆积有半米之高。婚礼的钟声在奥地利著名的朝圣小镇玛丽亚采尔响起，金钱和贵族结合在了一起。《明星》周刊报道：“穿着奶白色婚纱的新娘弗朗西斯卡试图用白手绢捂住那泉涌般的泪水。”新娘的父亲在婚礼上也着装得体。汉斯•海因里希•冯•蒂森-博纳米萨•德•卡松男爵知道他欠他祖先的是什么，因此他是作为一个匈牙利人出现在婚礼上。事实上他也是匈牙利人，他母亲就是匈牙利博纳米萨男爵夫人。母亲的家族是第一批离开欧洲到达美洲的“五月花”号船上那些朝圣者之一的后代。通过将自己过继给岳父，海因里希•蒂森成了博纳米萨男爵，并在博纳米萨这个贵族姓氏前面加上了自己父亲蒂森的姓氏。他的儿子汉斯1950年获得瑞士公民身份，按照惯例需要正式放弃男爵称号，并在姓名中去掉贵族姓名中的“冯”字，但这些并不妨碍别人对他的称呼。蒂森依然是贵族男爵，只是姓名中缺少贵族标识的“冯”字有一点遗憾。

作为博纳米萨男爵，他在女儿的婚礼上穿着匈牙利贵族穿的那种带裘皮帽、吊绳和宽大袖子的长袍。没有前来参加这场博纳米萨低阶层贵族家庭婚礼的是欧洲高阶层的贵族。西班牙王室没有派代表前往玛丽亚采尔，尽管他们曾受哈布斯堡王朝统治过。哈布斯堡家的几位伯父，罗伯特、费利克斯、卡尔•路德维希以及鲁道夫借口说他们有“重要的事务要处理”，因此不能前来参加婚礼。哦，上帝！还有更糟糕的事：“无忧无虑”的弗朗西斯卡很少讲德语，而只讲英语和法语，并且她也不是天主教徒，而是归属于英国国教。仿佛这是一出来自另一个世纪的戏剧！新闻媒体这样报道这个家庭的婚礼：“部分来自哈布斯堡家族和欧洲的贵族亲戚发出了声明，表示要离这场婚礼远远的。”哈布斯堡家族好像“内部在对这一联姻进行抵制”

一般。哈布斯堡家族的领头人奥托应该禁止这一“破坏家族传统”的婚姻。蒂森家曾不明不白地得到了贵族圈子里地位低下的男爵爵位，而现在，终于在第三代获得真正的贵族称号。《明星》周刊这样自娱自乐地报道这个联姻：海尼•蒂森“这下能够同出生高贵的上层贵族扯上关系了，而哈布斯堡家族也迎来了非常可观的嫁妆”。蒂森-博纳米萨一如既往地只给予简短的评论，并且明显不为所动：“所有的婚姻都与金钱有关。”现在，对年轻的、出身于蒂森-博纳米萨家的哈布斯堡小姐来说，那些不文雅的传言对她显然没什么影响。她在婚礼后的第二天向她父亲表达了敬意之后，已开始为一个美术展览的开幕式作筹备了。

另一个孩子，就是汉斯•海因里希•蒂森-博纳米萨曾经把他称之为家里最可靠的那个长子，却在20世纪末的那段时间与父亲的想法背道而驰。至少在公众看来是这个样子。父亲起诉了这个儿子，就像在富有的家庭里经常发生的那样，财富最终滋生了纷争。蒂森家族发生的事与家族过去最大的钢铁竞争对手克虏伯家的情况十分相似。克虏伯家族最后的心腹——家族事务的全权代表阿尔弗雷德•拜茨劝告（关系亲密的知情人认为是说服）阿尔弗雷德•克虏伯•冯•波伦•哈尔巴赫的儿子阿恩特放弃公司继承权，以便能够将他独家拥有的公司（公司只有一个股东，即克虏伯•冯•波伦•哈尔巴赫）转变为一个建立在公益基金会基础上的股份公司。这个儿子同意放弃差不多价值50亿马克的公司，自己“仅仅”获得来自父亲、祖母和其他亲戚们的私有遗产几百万马克，这些钱最后都被他挥霍一空。

这给克虏伯先生的族人带来了不安。上一代克虏伯的其他后代，即冯•波伦•哈尔巴赫家族的人，他们不想被排挤在外，于是就通过法律诉讼的方式，索取以他们那位世界知名的亲戚的名字命名的克虏伯基金会在各地委员会的席位、表决权和控制权。这个诉讼案持续了八年。最后，这些亲戚们在联邦宪法法院输掉了官司，还是被排挤在外。

关于汉斯•海因里希•蒂森-博纳米萨起诉儿子乔治•海因里希•蒂森-博纳米萨家的案子，专家们估计它的审理时间甚至会超过4年。银行家根尼拉德有不祥的预感："这样的诉讼有可能持续10年。只要没有和解，那些律师就会变得更富裕。"虽然那些律师变得富有了，但出人意料的是，事情最终的结局成了另外一个样子。蒂森的妻子卡门于1999年开始提起诉讼："本来这几年我的丈夫应该过着安安静静的日子，可是这些压力夺走了他的健康。"这期间她的丈夫安了心脏起搏器，不得不经常靠轮椅行动。她的诉求是，就像英国专业期刊《商业律师》所说的，想通过这个"世纪诉讼案"觊觎蒂森家的全部财产。可她对此极力否认。《柏林晨报》认为她扮演了这样的角色："1997年她就试图在丈夫和第一次婚姻的儿子之间制造一种裂痕，为达到这个目的，她声称自己的丈夫可能不是小海尼的父亲。她带着诡异的表情在《色彩周刊》记者们的面前举起两张照片，一张是小海尼的，另一张是伊凡•巴提亚尼伯爵，他是她丈夫的妹夫（与她丈夫的妹妹玛格丽塔结了婚）。"两个人的长相如此相似，令人非常吃惊。卡门还把这两张照片拿给惊愕不已的《华尔街日报》记者进行比较。对此，双方的律师都采取了息事宁人的态度。

最后这没有成为诉讼的内容，只有媒体对此感兴趣。汉斯•海因里希•蒂森-博纳米萨也在诉讼过程中对前来采访的媒体声明，这种事情对他来说很尴尬，他不想对此加以评论。到了1999年底，显然他改变了想法，因为他对此事更健谈了。一家大型画刊杂志引用他的话：乔治不是他的儿子，这有可能。他没有他的那种性格。所有其他孩子都可能不是他的。“我是以前婚姻中所有孩子法律意义上的父亲，不一定非得是生物意义上的父亲。”弗朗西斯卡，啊！他知道那是他们婚生的女儿。对于洛恩和亚历山大，他们的父亲就可能另有其人，例如艺术品商人拉佩提（他是在不明不白的情况下从纽约的一幢大楼破窗坠落而遇难的）。

在这个诉讼过程中，似乎在汉斯•海因里希•蒂森-博纳米萨身上正发生着一种变化。在以前，他好像已经习惯了世界的喧嚣，他抱着淡定和嘲讽的心态让那些在他身边发生的事随风飘过。而现在当他再次遇到这些事情时，他会感到气愤难忍并且不会再掩饰。例如，关于他正在起诉的儿子乔治，他讲了一个小故事，说他自己是一个愚蠢的丈夫，被他的第一任妻子公主特雷莎带到她家乡利珀去见了妹夫伊凡•巴提亚尼。“我有业务不在家，而他俩却到巴黎去了。他们在那里肯定有不正当的关系。总之，他们在那里遇到了车祸，然后一起住进了医院里。……在我第一个妻子眼里，我什么都不是，而她是一个公主。”1999年，这位公主解释说：“我们8年的婚姻并不总是快乐，但我从未想到过会有外遇。乔治•海因里希是我俩共同的儿子，他可以随时准备进行血统检验。”1997年，一些风言风语幽灵般地出现在报刊报道中，说巴提亚尼的尸体要被挖出来进行基因检验。还好，恐怖的掘墓验尸的事没有发生，死者的安宁没有被打扰。伯爵应该感谢贵族的礼仪，还从来没有发生过这种贵族的丑闻。

从1997年到2001年中期的许多媒体采访中，汉斯•海因里希•蒂森-博纳米萨在面对最私密的亲属方面的问题时总是不留情面。事实上，就像是在采访中逼着他使用一种近乎冲动式的坦诚语言，那是令人吃惊的，可能完全是自然流露的一种表达方式。这类媒体行业中的绝大部分谈话被媒体心理学家贝提娜•弗罗姆称为“众人面前的私密谈话”。关于他的第一任妻子，常挂在他嘴边上的是：“奸诈的女人。”关于他的第二任妻子尼娜•戴尔，他口无遮拦地说：“许多人为她着迷，她和蔼亲切，是个同性恋。在这一点上是我改变了她。”他也非常宠爱她。当这对夫妇在1954年11月决定选择一家名为“大使”的酒店作为他们在纽约的住处时，尼娜的三只北京名犬——索、苏克和巴比也拥有它们自己的房间，以便它们能够在席梦思上从越过大西洋的飞行疲劳中恢复过来。关于他的第三任妻子菲奥娜•坎贝尔，蒂森-博纳米萨说：“她性感，但愚蠢至极。”关于他的第四任妻子邓尼斯•朔尔托，他说：“她有长长的金发，是个巴西女人，除此之外一无是处。”涉及这些前妻们尊严的问题，他似乎对这些褒贬的评论并不那么在意。如果不是关于自己的问题，他有什么可说的呢？他送给了她们无数的礼物，而且支付给她们每人四亿马克的离婚补偿金。或者可以说这是一种失望？他在一位记者面前承认：“我在那些绘画作品里的相遇总是比我与大多数现实中的人相遇更有意义。”

然而，她出现了，卡门•塞尔薇拉。他这样谈起她：“我非常爱他。跟她在一起我无比幸福。她是我的生命，他让我变得富有。在她身边的那种幸福使我兴趣盎然，那是独一无二的。我再也不想更换了。在这一刻，我的财富就是一杯葡萄酒和蒂塔。我从来没有像爱蒂塔那样爱过另一个女人。”在谈到汉斯的时候，她这样说道：“他让我觉得自己是世界的女王。每天早晨他都对我说他爱我。”有一次，她兴奋地说，他打开了她的艺术眼界，从他那里获得的大量知识使她获益匪浅。而在艺术品拍卖过程中，她只通过电话竞拍，否则的话她会失去自制力。这个男人事实上把五个妻子都称作是他的人，在他的背后还流传着无数绯闻。他吃惊地说：“我本质上还是奉行一夫一妻制的。在蒂塔之前为什么我不得不和那四个女人结婚，直至找到幸福？”而在同一次采访中，根据其他人的引述，他对儿子乔治•海因里希却恶语相加。“乔治现在做什么，都他妈的与我无关。他从不给我打电话……他恨蒂塔。而蒂塔是我的生命，所以他也恨我。”是否应该这样怀疑：有人如同参与脱口秀那样坐在沙发上，想把压在心头的事情说出来？类似这样的闻所未闻的内容一次又一次地被爆料出来，让人惊讶不已。这些内容还经常出现在德语、英语、法语、美国英语以及其它语言的报纸杂志上，包括一些严肃的报纸杂志。这类报道甚至还包括像通过儿子乔治•海因里希讲的话而刊登出来的“文字上对蒂塔的宣战”，或者父亲汉斯•海因里希被儿子拒绝乘坐公司的喷气式飞机。而且总是有儿子引用父亲讲过的话：“他们是我的继承人。”但这意味着什么却没有清楚的解释。或者有一定的暗示？他应该讲过一次：“他们必须接受我收养的孩子（卡门的儿子）。我遗产的百分之五十留给蒂塔，剩下的五分之一留给博尔亚。这一切都是按照瑞士的法律确定的。”而以下这些访谈中的观点又难以被人理解：“我从未杀过人，但我要杀掉乔治。”是什么可能使得这个人向世界传达这样的东西？除了他的医生外，他甚至从不和他的好朋友谈论这些事。

这起民事诉讼在1999年的金秋十月开庭。《法兰克福汇报》这样评论：“对于绯闻媒体，这是上帝赐予的礼物；对于生意人来说，这是令人不愉快的事；而对于这个家庭来说，这造成了最深的裂痕。”可是《法兰克福汇报》说错了。并非只有绯闻媒体得到了它们的“上帝赐予”，严肃报纸也对这起家庭纠纷幸灾乐祸地加以报道。这里有一小部分摘录的标题：“海尼的战争”“上流社会的死缠烂打”“海尼最后的战斗”“明争暗斗”“欲壑难填”“儿子将父亲的养老金藏哪儿去了？”“恶毒的妻子”“摇摇欲坠的遗产”“海因里希，我害怕你”。父子之间的裂痕应了那古老谚语中的箴言：拥有越多，混乱越大。媒体方面记录了超级富豪圈子里一段最离奇的诉讼程序。专家肯定，这是世界法律史上最昂贵的诉讼案之一。这场无休止的“海尼对海尼”的家庭战争成了有史以来最昂贵的私人诉讼。2001年7月的《明镜》周刊上介绍了这桩民事案件的两位当事人：“汉斯·海因里希·蒂森-博纳米萨，经常被简称为‘海尼’或者‘男爵’，1921年生于荷兰海牙，有五次婚姻，也是五个孩子的父亲或继父，是著名的艺术品鉴赏家和唯利是图的商人。最大的弱点：女人。乔治•海因里希•蒂森-博纳米萨，朋友们也称他为‘海尼’，另外也有人称他为‘小海尼’，1950年生于瑞士的卢加诺，是男爵在与利珀亲王国（德国北莱茵-威斯特法伦州境内）的公主的婚姻中生下的儿子，一个冷静、精于算计、并且把自己的私生活掩藏得严严实实的人。最大的弱点：父亲。卡门•蒂森-博纳米萨，被简称为‘蒂塔’或者‘男爵夫人’，1943年生于西班牙的巴塞罗那，出生时用的姓名是塞尔薇拉•菲尔南德茨。她是老海尼的第五个妻子，也是著名电影演员雷克斯•巴克尔的遗孀。她是一个孩子的母亲，孩子的生父不详，这个孩子过继到了现在的丈夫名下。她意志坚强，美丽，热爱生活（1961年西班牙选美大赛冠军）。她的弱点：金钱、荣耀、地位和香烟。”

1983年，日渐衰老的汉斯•海因里希将拥有价值约50亿马克的家族基金会的董事会交给了他的长子，年轻的乔治•海因里希。乔治成了蒂森-博纳米萨公司的负责人和包括美术收藏的家族财产的守护人。而每年大约3500万马克的绘画租赁金应属于父亲所得。“显然是非常不理智的，”德国专业杂志《经济周刊》认为，“汉斯•海因里希•蒂森-博纳米萨控告了在避税天堂百慕大群岛的财产托管人。他在80年代将他的工业帝国都交到了那些人的手中。”这位父亲控告了自己的儿子乔治，儿子在1995年终止了给父亲支付款项的协议，并且违背商定好的原则，即不能将收藏整体中的绘画拿到市场上去卖。家族里有一个协议，就是禁止拆分家族的绘画收藏。因此，汉斯•海因里希·蒂森-博纳米萨将家族藏画分为A、B、C三类。其中的A类收藏，约300幅绘画作品，是作为收藏整体不能分割的。父亲起诉儿子，是不是因为儿子将一些绘画卖到了艺术品市场？那是属于艺术品侦探需要办理的一个案子。然而，这次家庭纠纷还是像以往一样涉及金钱，家族基金会一共欠这位父亲1.32亿马克，因为小海尼在管理家族的工业遗产过程中损害了他的利益。根据一家德国经济杂志的报道，在20世纪末，家族资产在小海尼的领导下翻了五倍。

来自伦敦和瑞士的律师团接手了这场家族世纪大战。21世纪初，这场民事诉讼的费用估计高达110万马克。两家英国律师事务所的账单总额，以及参与处理这个案子的17名律师的预计工作费用高达1.8亿马克。这场官司的总费用高得令人难以置信。审理案子的地点也是如此的怪异，在家族基金会的注册地百慕大群岛。这个54平方公里的英属殖民地住着6万居民，由于这里的免税政策使它成了世界上最大的再保险中心之一。在百慕大群岛的首都哈密尔顿坐落着一个法院，那是过去救世军的一个大厅，用了50万马克蒂森家族的钱把它改建成了法庭。这里可能成了有史以来最昂贵的家庭闹剧的舞台。这里“上演了一出来自金钱和贵族世界的情节剧，该剧似乎包含了肥皂剧的所有情节”。这是《法兰克福汇报》作出的总结。该报还介绍了这桩家族谜案的当事人。“当事人的一方是一位患病的老人和他的第5任妻子，一位过去生活方式古怪的选美女皇，她被指控想侵吞丈夫的遗产；当事人的另一方是这个家庭的儿子，一个头脑清晰的商人，他掌握着家族的金钱，有一群上流社会的企业家围在他的身边。”在这个大家族中，谁将对遍布整个欧洲和半个世界27个国家的拥有银行、矿山和啤酒酿造业的蒂森-博纳米萨联合公司的利益说了算？

百慕大群岛距离美国海岸线965公里，处于北部，还谈不上是热带气候。这里安静、寂寞，但阳光充足，很适合酝酿财富之梦。这个家族在1983年以“连续”为名称在这里注册了一家自己的信托机构。蒂森-博纳米萨N. V. 联合公司，简称TBG，就依托于这家叫“连续”的信托机构。专家们调侃说，那是一个安静但却高效运作的杂货店，价值40多亿马克，包含200多家公司，1983年以前属于汉斯•海因里希•蒂森-博纳米萨一人所有。TBG的托管公司可以说是一个宽大的屋顶，在这屋顶下有许多欧美公司在运作，包括卫星天线制造商、泵制造商、鸡蛋分选机制造商、数据库营运商、石油贸易公司，等等。

20世纪80年代初，父亲将公司的控制权转交给了儿子。1983年4月18日，汉斯•海因里希•蒂森-博纳米萨在百慕大群岛将整个N. V. 联合公司的权责以及大部分将来的继承权登记到了乔治•海因里希•蒂森-博纳米萨名下。“看来长子注定就是要管理家族财产的。”经济专栏作家瓦尔特•佩林豪森认为，“正因为他和他父亲是完全不同类型。他不是一个花花公子，不会因时不时更换妻子而为此付出高昂的代价，而是一个单身的、认真负责的工作狂，没有那些卿卿我我的绯闻，而且是不愿意在公众面前抛头露面的类型。”虽然“小海尼”更喜欢在公司监事会里谋职，但父亲却做出了另外的决定。尽管儿子“更愿意推后几年”才接手权力，但关于遗产的问题还是达成了协议。这样，儿子乔治在1984年初就成了这家N. V. 联合公司的负责人。父子俩的口径是一致的。父亲说“我永远热爱工作”，儿子就接过话头，“不然的话我会感到无聊”，但这话不适合于父亲，他会通过艺术品收藏以及投身于女人来打发无聊。父亲是如此享受社交生活，但儿子却对此兴味索然。这次将所有权力移交给儿子是通过一次精美的“龙虾大餐”宴会而宣告结束的。这位父亲，过去的家族企业领导者，现在只是一个普通老人。他希望儿子，这位新任的领导者，按照他所写下的“信任、力量和远见”去履行职责。这些决定是由父子俩单独作出的。当时的一位公司内部人士说：“他俩的关系非常好，父亲在一定程度上仍占主导地位，但后来就慢慢地减弱了。”

父子俩和他们那些顾问一起规划了一个由众多公司置于集团公司下的分支网络，这个网络的中心受到以上提到的取名为“连续”的信托机构的保护。那时候父子之间彼此理解，“他比我更加负责认真”，父亲这样说，并且还说过他的儿子“总是在路上奔波”，这话“也”适用于他自己。父亲汉斯·海因里希，据他自己说，战争爆发以来，他在一个地方待的时间从未超过三个星期。生意上和文化上的责任使他在这个地球上不停地奔波，过着游牧式的动荡不安的生活。他信奉的德行中首要的一条就是工作。他一天只需要睡5个小时，因此他有足够的时间“和我在一起！”妻子卡门透露。一份上流社会的杂志这样哄骗读者们。当时，儿子刚刚接替了父亲在联合公司的最高职位，儿子将父亲置于自己的保护之下。“我的父亲在公司中比公众想象的要活跃，就像刚刚完成了一幅画作，将它公开展示时有一些担心一样。”是他，在二战后坚定不移地重建早已千疮百孔的公司。同样也是他，坚定不移地满足了妹妹玛格丽塔和加布里尔的要求，最后“做出了许多公司方面的决定”，“那是一些好的决定”。

这个信托机构中注入了父亲的资金和他私人拥有的企业资产。可是当父亲去世后，这个依照法律织就的网络，他的子女们有权按照精确计算的比例分配遗产。但是，但是！不允许他们从联合公司中分离出任何资产，或者在其名下独立经营，或者出售。这是决不允许的！汉斯•海因里希•蒂森-博纳米萨想让由他创造的、领导的、并由他一手建设发展起来的企业长期存在下去，不仅是企业的名字，而首先是以他的名字命名的企业本身不会在遗产争夺中遭到毁灭。这是一个可以理解的男人的愿望，除了他的浪漫生活与艺术收藏生活外，他的经营管理生活同样可以花一整个晚上来阅读它。他想通过法律的手段保证他一生的杰作能够长期存在下去，由于这个原因才建立了这个信托体系。

同时，这个男人也想让自己的生活得到照顾。1983年，当时他还和第4任妻子邓尼斯保持着婚姻关系，离婚的事还没有达成协议，关于珠宝、裘皮大衣和别墅的争吵还在愈演愈烈，新的、与卡门的婚姻还在酝酿之中。另外，他也规定了，他作为家族的前辈，每年要从家族企业集团的收益中得到相当大的一笔金额。这起民事诉讼案发生在刚刚迈入21世纪的时刻，该案子让那些律师们费尽心思。当时的协议制定得如此的复杂，以至于按照协议去解释的话，会有很多的陷阱摆在那里。例如：家族长辈汉斯•海因里希•蒂森-博纳米萨将有权每年从家族集团公司获得2200万美元，这样，家族集团公司几乎就要向他支付收益的30%，剩下的钱才能用来再投资。如果公司业绩很差，筹集不到2200万美元，那么男爵只能先获得较少的金额。但是他有权在公司有钱的时候得到补偿支付。1983年以后公司的业绩还不坏，但蒂森联合公司中的那些企业也不是每年的业绩都很好。公司新的领导人，这位儿子，突然之间就开始欠这位长辈——他的父亲的账了，而且债务每年都在增加。

父亲对所欠的债务进行了起诉，差不多是过了20年之后才提起这件事情。但这还不够，父亲还要求解除当年他批准的协议并且要改为由他的妻子代表他插手这件事。在原来的协议中，他儿子在让他掌握公司实权这件事上欺骗了他，而且没有像预期的那样代表父亲的利益。早在1997年，父亲就第一次对儿子采取了法律手段。直到1999年秋天，诉讼程序才按照英国法律在百慕大群岛正式启动。由于税收原因，家族集团公司是在百慕大群岛进行的注册。当这场官司暴露于公众视野中的时候，家族集团公司是在百慕大群岛注册这件事对蒂森-博纳米萨作为负责任的企业家的声誉是有伤害的，同时对他作为认真负责、独一无二的杰出艺术品收藏家的声誉也是有伤害的。

无论是出售还是购进参股，这个男人都使家族的经济影响力彰显无疑。自1977年1月起，蒂森-博纳米萨喜欢住在蒙特卡罗他的国际工业控股公司所在地附近。有时候他说他住在他的永久居住地——英国格洛斯特郡戴勒斯福德的乡间别墅。1988年，他将这座别墅卖了4000万马克。而当他将自己的藏画从瑞士卢加诺撤走，搬到了西班牙马德里后，他自己也跟着搬了过去。在马德里，他同自己的藏画生活在一起，也为了那些藏画而生活着。一个收藏家从不离开自己收藏的东西，蒂森-博纳米萨与他收藏的那些绘画一生结下了不解之缘。

作为一个商人，他虽然在德国经济界圈子里没有给人留下什么好印象，但是他赚钱的悟性极高，在股市上的操作总是令人刮目相看。他拥有的德国钢铁公司、矿山、煤气公司以及自来水公司的大部分股份早在20世纪70年代就卖掉了。就像他能预见德国造船厂股票价格会下跌，当该股票价格下跌时，他已经将其大部分脱手了。在很早的时候，他就把奥古斯特•蒂森银行的股份卖给了柏林贸易公司，他把莱斯霍尔兹钢铁与钢管有限公司的股份卖给了曼内斯曼公司，他把拥有100%股权的瓦尔苏姆矿业公司卖给了能源联合公司STEAG。

他通过让公司破产和变卖获得了巨大的收益，这引起了轰动。1970年，他的做法被指责是早期野蛮的资本主义行为，那是“一种充满个人权力和对生产资料任意处置的专横和冷漠的混合”。他对品奇-巴玛格股份公司的董事和经理们说：“我不想再资助了。”他资助了7300万，可是到头来面临的结果是裁员和亏损1亿。虽然在全公司三万名员工那里他是老板，非常有地位，但是没准这位老板会把他自己和整个公司卖给一个新的雇主。众所周知，1973年他让人收购了美国的印第安-首脑联合公司的75万股股份。在德国经营的那些年，他的妹妹们想脱离公司。他持有这些公司50%的股份，并决定在经济方面从德国撤离，但这些股份的出售一直拖延了15年之久。在德国，他继续从容不迫地出售公司：下莱茵地区的煤气及自来水公司卖给了格尔森自来水股份公司；他在不莱梅乌尔坎造船厂59%的股份卖给了弗伦斯堡造船厂，通过出售股份，使自己不再是麻烦不断的船厂大股东了。

联邦德国总理康纳德•阿登纳博士的一位助手曾在一次磋商中向他提供了一个交易机会，“只要承诺永远离开德国市场，就会得到一大笔钱”。蒂森-博纳米萨站起身来，招呼也不打就拂袖而去。多年以后，他猜测，可能是鲁尔地区工业界的代表在政府背后促成了这次磋商，目的是要消除他的影响。鲁尔地区的人总是有他们自己的处世原则，而他在那些关键的位置上有自己的人在那里，像在一个规范、严密的家族系统中一样。“当我决定让煤气公司与荷兰煤气公司签订一个巨额进口合同时，我就像一个叛徒一样被对待。”事实上，在杜塞尔多夫“工业俱乐部”的一次聚会上，煤炭工业界的代表在举杯的时候说：“我想为蒂森先生被灭掉而干杯。”蒂森-博纳米萨回应说：“我的先生，我祝愿您变得足够强大，以便能够灭掉我。” 一个月后，那个男人死于心脏病发作。蒂森-博纳米萨说：“可怜的家伙。”

1973年，蒂森-博纳米萨撤销了他的联合公司设在德国杜塞尔多夫的总部。他在国外寻求投资，为他的蒂森-博纳米萨集团（TBG）寻找税收优惠的地方，例如摩纳哥、阿姆斯特丹、荷属库拉索岛、英属殖民地百慕大群岛。1983年后，蒂森-博纳米萨成为以他的名字冠名的

TBG集团这一巨型联合企业的名誉董事长和最大的股东。通过商业交易而积累起来的最佳市场知识、警惕性和经济嗅觉也帮助和促使他投身于美丽的女人和精美的绘画。他在艺术方面获得了成功，但在女人方面则遭受了打击。

在百慕大群岛首都哈密尔顿从前的救世军大厅里抖出来许多事情，这是诉讼过程中常有的事。然而，在这个救世军大厅改建成的法庭上，以及在百慕大群岛围绕这起诉讼案发生的另一些事情却令人难以置信。有观察家评论道，这起民事诉讼案演变成了法律界狡猾的鲨鱼们的饕餮大餐。在百慕大群岛七个岛屿的珊瑚礁地带，一直有潜水员在那众多的沉船中寻找金条和珠宝。那些追逐财运而在百慕大群岛撒网寻财的人都引用这句话："钱太多了。"针对蒂森家族的法律诉讼，专业刊物《商业律师》也厌恶地评论道：这场游戏中有太多的金钱。一小拨开价高昂的律师会定期带着假发、穿着长袍前来出庭。百慕大群岛那柔和的白色海岸线和那里的比基尼泳衣的线条一样诱人。据报道，这个律师军团的部分家人甚至搬到岛上去居住了。律师们的聚会活动成了人们经常谈论的话题。在2000年，律师费差不多有2.3亿马克。每过一周都要增加七位数的金额。据说律师们的小时工资约为每小时500英镑，那差不多是每小时750欧元。诉讼案要求1.2亿马克赔偿，而律师费已高达2.3亿马克，这值吗？

律师们谈了又谈。其中一个是为首的，名叫克里斯塔尔（译者注：水晶的意思）。这位来自伦敦的明星律师像切割水晶一样将这个案子展开，形成冗长的发言。克里斯塔尔是这些律师中能够在名字后面加上"QC"名誉标识的三个律师之一，这个标识的意思是“女王的法律顾问”。还有一大群“普通”律师在给这些明星律师当助手。克里斯塔尔作为老蒂森-博纳米萨的律师从各个方面将案情展开，在66天里，这个人用121 950份文件主导了诉讼过程。这一切最后都转化成了金钱。在2001年7月，有记者猜测，这个案子可能成为吉尼斯世界纪录大全中的“最昂贵的民事诉讼案”。按照索尔·贝娄（Saul Bellow，美国作家，1915—2005）小说中的说法，悲剧英雄在众神面前抱怨，而喜剧人物则和家人进行无休止的争吵。

金钱自然从一开始起就扮演着主要角色。曾任瑞士信贷银行副行长的罗伯特·格尼拉德猜测：“男爵和他的西班牙妻子担心的是金钱问题，他的儿子担心的是名誉问题。”而妻子卡门·蒂森-博纳米萨在西班牙报纸《ABC》上则抱怨与她有姻亲关系的继子：“乔治要把钱和公司都从我们这里夺走。”在公众看来，事情又变成了这个样子：她认为自己的丈夫像童话里的白马王子，她希望汉斯·海因里希·蒂森-博纳米萨的新计划可以生效，该计划将取代现有的协议。要把属于蒂森-博纳米萨集团的公司过户到一个新的基金会里，让那些公司的年利润首先支付给她——妻子卡门。她的丈夫想要解除那个他和儿子一同制订并签署的协议。卡门女士的想法是可以理解的，根据现有协议，除了每年从艺术藏品基金会收到的数百万美元外，在她的丈夫去世后，她什么都得不到。

联邦德国工业协会前主席兼蒂森公司董事会的成员海因里希·威斯这样评论这对夫妻的企图：“这不得不让

人猜测，这位男爵夫人想控制这个公司。”丈夫蒂森-博纳米萨针对他被妻子控制的指控这样辩护：“这是我的战斗。”1994年，他患了中风，陷入长达几天的昏迷状态，随后多次复发中风，因此做了主动脉的手术。而在诉讼过程中，他坚持表示他还能掌控局面：“我感觉很好，我的妻子把我照顾得很好。”那些站在远处的观察家不得不提出这样的问题：谁在保护这个男人？最重要的是，谁在保护他自己本身呢？在其它的场合，他承认，如果没有蒂塔，他已不在人世。他称这桩民事诉讼的目的是要得到“公平的结局”。但儿子指出，欠父亲的债务已经偿还。

可以说，儿子乔治•海因里希生活在与彩虹新闻社那些闪光灯隔绝的阴影里，在公众面前他完全被屏蔽了，这种小心谨慎使得他有了一个绰号，叫“幽灵”。他在公共媒体面前，行为十分节制。他不想生产头条新闻，而只想增加更多的财富。他的母亲，菲斯滕贝尔格的特雷莎公主（出生时就是利珀-魏森费尔德的公主）——蒂森-博纳米萨的前妻，2002年3月有消息说，她的儿子已经让她做了祖母。确实如此，她向专业刊物《希克利亚新闻》透露，她儿子再也不是单身汉了。“海尼有可爱的妻子，他们已经有了一个名叫西蒙的儿子，三个月大，这是下一代继承人，一切都很完美。”专家们向年轻的父亲乔治•海因里希证明，他的儿子将来不大可能去从事辛苦的劳动（但他父亲却这样谈论自己），而“由于他的完美无瑕和命运的安排，最适合从事的工作将是领导企业”。因此，有一种愿望流传开来，家族的事业不应该在众人皆知的家族纷争中受到伤害。

如果家族纠纷最后无法解决怎么办？就像以前德国黑森林地区的霍恩贝格村产生的故事一样：当地的居民为了迎接一位公侯来访，争先恐后地不断进行礼炮试射；而当这个公侯到来时，礼炮弹药已全部用完。唯一不同的是，这个家庭纠纷的成本高得太多太多。“家族的各方希望和解的愿望越来越强烈，”弗朗西斯卡•冯•哈布斯堡（她是蒂森-博纳米萨第三次婚姻所生的女儿，有一次她竟然被父亲在马德里别墅的保镖拒绝入内）说，“我们希望和平。”这一点完全可以理解。在百慕大群岛，除了莎士比亚对这里的丰富想象之外，其它最引人瞩目的就是这桩民事诉讼案的争辩过程了。根据报道，1609年的一场飓风把英国探险舰队的旗舰刮向那个岛屿，这件事激发了英国剧作家莎士比亚创作他最后一部戏剧《暴风雨》的灵感。不，这个民事诉讼案不像暴风雨那样汹涌震撼，而更像汽车的限速行驶：尽管百慕大群岛上的汽车油箱里装满了汽油，但最高时速限定在35公里。当他们的汽车在路上与当地车辆会车时，当地人会按响喇叭（这非常少见）。按照英国的习俗，饮茶时要安静地享受，那是百慕大群岛的田园生活方式。在哈密尔顿那个从前救世军的大厅里缓慢进展的诉讼案终于到了要做出判决的那一天了。而在这一天的诉讼过程中却没有了法官！邓尼斯•米切尔法官阁下退出了这个案子。在2001年3月27日，他说：“我受够了！”这位法官大人那贵族式的情绪终于爆发了。还有几个月他的合同就要到期了，但在这一天他却对他的工作撒手不干了。作为一名苏格兰人，他在一个尊重金钱的环境中长大。但是“在这个案子里挥霍这些钱财有伤风化”。当总督要他处理这个案子的时候，他完全不知道这是一个多么棘手复杂的案件。所以说是总督“严重地误导了他”。还有一种不太确定的说法：按他的要求，他的工资应提高三倍，但一直没有兑现。

这样一来，大家缺少了法官的判决。一个错误的诉讼导致了错误的结果？在经过较长时间的媒体沉默之后，伦敦有传闻说，找到了一个临阵脱逃的法官的继任者。这位伦敦的法官大人要将诉讼案的程序简化，而且要在伦敦审案。然而这个案子从未在伦敦进行审理过。是不是在这沉默的大海里有一股庭外和解的暗流？现在可没有人这样说。

在几乎无人期待有一个答复的时候，蒂森-博纳米萨家的成员在2002年2月中旬让公众大吃一惊。伦敦的严肃报纸《独立报》和《时代》报道了这桩超级家族纠纷案子的终结（报道的标题是《超级大战：蒂森家人之间的对抗》），并引用了一段具体的、新的、来自重新团结起来家族的声明，该声明标志着“痛苦的结束”。“整个家族对由于误解而导致法律诉讼的发生感到非常遗憾，这一法律诉讼今天结束了，或者说被撤诉了。同时，家族对卷入到此案中的家庭成员、为家族工作的职员、媒体负面报道的对象所受到的影响表示遗憾。”

这是一场耗资巨大的家族世仇结束时令人欣慰的一段话？2002年2月15日，在巴塞尔经过7个小时的谈判，终于达成了家庭和解协议。汉斯•海因里希•蒂森-博纳米萨男爵和乔治•海因里希•蒂森-博纳米萨之间关于27亿英镑（另一种说法是31亿欧元）家族财产以及艺术品收藏的庭外协议确定如下：公司与家族不可分割，百慕大群岛的基金会形式不变。但是老先生的终生年金重新达成了协议。据说他重新改写了自己的遗嘱，细节不向公众透露。卡门•塞尔薇拉•蒂森-博纳米萨留在马德里的蒂森-博纳米萨基金会的董事会，紧挨着那些昂贵的绘画，也与数百万的金钱近在咫尺。而且女儿弗朗西斯卡现在也有了参与决策的权力。这样一来，蒂森的绘画在世界各地的博物馆和美术馆还会继续造福整个世界。那些精妙绝伦的艺术品的美将永存下去，并散发着绚丽夺目的光辉去保佑着这个家族。

家族年表

1842年，出生

4月17日，亚琛附近的埃什维勒钢索工厂主弗里德里希•蒂森的儿子奥古斯特•蒂森出生。

1867年4月1日，建立第一个公司

奥古斯特•蒂森与比利时合伙人共同在德国杜伊斯堡创立铁条轧制厂：蒂森-弗索尔公司（Thyssen，Foussoul & Co）。

1871年—1880年，家族企业

蒂森解除了公司合同。在施泰伦（今米尔海姆市的一个城区）买了一个农场，并和他父亲一起创立了蒂森炼钢及轧钢公司。在随后的几年里，他稳步扩张，购入了更多的轧机，建立了修理和备件车间，收购了矿山和铁厂的股份。1878年轧钢厂开始生产钢管。

1872年，蒂森的婚姻

30岁的蒂森与18岁的赫德维希•佩尔泽结婚，她的嫁妆投入到了公司里。他们生了4个孩子：儿子弗里茨（1873—1951）、奥古斯特（1874—1943）、海因里希（1875—1947）和女儿赫德维希（1878—1960）。蒂森与赫德维希•佩尔泽1885年离婚，子女们随父亲长大。

1871/1877/1889年，“德国皇帝”矿井

1871年11月28日，“德国皇帝”矿业联合公司所属的褐煤垂直矿井开始在汉伯恩（今杜伊斯堡的一个城区）修建。1877年，蒂森购买了该矿业公司的第一批股份。1889年，他成为该矿业联合公司的最大股东并担任董事会主席。

1880年，信仰与工作

鲁尔地区的工业家喜欢招募与自己宗教信仰相同的工人。信仰天主教的蒂森获得了在西普鲁士、波森和波兰的天主教地区的劳动力。而新教徒企业家格里罗在相同的时间招募的是东普鲁士信仰新教的工人。

1888年，父亲去世

5月17日，“德国皇帝”矿业联合公司的一个新的矿井在杜伊斯堡建立。奥古斯特的父亲也在那年逝世。这个新矿井以奥古斯特的父亲的名字命名：弗里德里希•蒂森5-2号矿井。

1891年，进一步扩建矿井

经过两年建设，在12月，奥古斯特•蒂森在布鲁克豪森（今杜伊斯堡的一个城区）的炼钢厂投产使用。蒂森将褐煤矿“德国皇帝”扩建成了莱茵河畔的一个综合冶炼厂，使它成了一个从煤炭到炼铁再到机械制造的垂直整合的联合企业。1891年10月，《鲁尔地区日报》评论了这一革命性的建设工作：“就像《一千零一夜》里的童话一样，几乎改变了整个巨大的区域。”

1897年—1899年，蒂森、施蒂纳斯的事业

奥古斯特•蒂森在丁斯拉肯建立了一座带钢轧制厂、一座热轧厂，以及一座钢管厂。这将对世界产生影响。蒂森还同来自米尔海姆市27岁的年轻小伙施蒂纳斯一起创建了米尔海姆矿业协会。他们一起成为萨尔-莫瑟尔矿业公司的控股股东。儿子弗里茨进入联合企业，并被选为“德国皇帝”矿业公司矿井董事会成员。

1900年，新一代蒂森的婚姻

弗里茨•蒂森违背父亲的意愿与阿梅莉•楚赫勒结婚。

1900年—1902年，扩张

老蒂森和施蒂纳斯收购了位于埃森的莱茵-威斯特法伦发电厂的控股股份，并将其扩建为有强大影响力的供电企业。蒂森矿山公司和盖尔森基兴（德国城市名）的沙尔克矿业及炼铁协会在高加索地区获得了土地和矿藏开采权。1902年，在阿尔及利亚也获得此权利。

1903年，朗茨贝格城堡

奥古斯特•蒂森成了城堡主人。他将朗茨贝格城堡和周围大片的森林进行了修复，使其安全稳固，将其建成了一座住宅。

1906年，与贵族联姻

弗里茨的弟弟海因里希•蒂森通过婚姻和过继成为蒂森-博纳米萨男爵。他与男爵小姐玛尔格特•博纳米萨•德•卡松（1887—1971）结婚。

1909年，阿妮塔·蒂森

阿妮塔•蒂森出生。她是弗里茨•蒂森唯一的孩子。1936年，与盖伯•茨希伯爵（1910—1972）结婚。他们有两个儿子：费德里科（1937年出生）和克劳迪奥（1942年出生）。阿妮塔•茨希-蒂森于1990年去世。

1910年，与施蒂纳斯分道扬镳

施蒂纳斯主张实施一个运河建设项目，这与蒂森工厂的经济利益背道而驰。两人的合作因此而画上句号。

1914/1915年，第一次世界大战和国际扩张

奥古斯特•蒂森要求，第一次世界大战胜利结束后，将法国矿石盆地、法国部分海岸以及比利时、德国进行合并。而且波罗的海各省、俄罗斯的克里米亚和高加索半岛也应该为德国所有。那里的矿藏应该由德国的钢铁与矿山工业来瓜分。1915年，德国重工业代表将这一要求再次向帝国政府呈上——德国的世界大国地位只有通过确保德国的重工业才能实现。战争爆发之前，这些德国的联合企业已经开始进行国际扩张，他们将在荷兰、英国、法国、俄国、地中海以及阿根廷建立公司。

1918/1919年，重新改组

第一次世界大战结束后，弗里茨•蒂森支持德意志帝国的分裂主义者。战败之后经济状况的改变迫使鲁尔地区的工业家进行结盟，它们与其它地区或本地区的企业结盟。通过组建更大的联合企业，他们整合原材料和最终产品的生产，同时缩减劳动力。蒂森企业属于那种希望通过公司改组，合理解决原材料匮乏、罢工频繁和销售额不断下降这些问题的企业。蒂森开始把联合企业转化为多个资本独立的有限责任公司。他将采矿和冶炼分离，也将煤炭生产和钢铁生产分开。采矿部门改名为“弗里德里希矿业公司”，钢铁加工企业以“奥古斯特•蒂森冶炼厂”（位于杜伊斯堡的丁斯拉肯）命名。同时，新建了矿井建设有限责任公司（位于米尔海姆）和煤气-自来水有限责任公司。同年，开始为工厂的骨干员工修建住宅：两层楼的房屋，每套房有四到五个房间，包括一个单独的厕所。

1921年，汉斯 · 海因里希出生

汉斯•海因里希•蒂森，后来改名为汉斯•海因里希•冯•蒂森-博纳米萨，于1921年4月13日出生。

1923年，德国民族主义者的抵抗

鲁尔地区被法国和比利时军事当局占领。法国冶炼工业对鲁尔地区出产的煤矿产生了兴趣，想借此扩大自己的生产。许多公司在暗中将他们的公司撤离鲁尔区。鲁尔区矿主们的代言人弗里茨•蒂森，参与了抵抗对鲁尔区的军事占领，并拒绝任何与法国当局的合作。他被逮捕，在法国军事法庭受审，被判处罚款。当他回到杜伊斯堡时像英雄一样受到欢迎。当年年底，德国矿主们与法国人签署了供应矿产的合同。弗里茨•蒂森成为德国工业协会成员，同时加入德国国家人民党，并与阿道夫•希特勒建立了联系。

1924年，公开表白的区域主义

奥古斯特•蒂森冶炼厂经过大量的扩建和改造，成了当时最现代化的德国企业之一。7月1日，奥古斯特•蒂森以82岁高龄同科隆市长康纳德•阿登纳博士及其夫人奥古斯特一起最后一次下了位于丁斯拉肯的罗贝格矿井。蒂森和阿登纳都倡导从新教普鲁士独立出来，建立一个德国西部的天主教莱茵-威斯特法伦共和国。

1925年，资金注入

1923年以来，德国一直缺乏金融资本。公司在通货膨胀期间将资金投在了实物资产上。一月份，奥古斯特•蒂森冶炼厂与一家美国银行签署了120亿美元的贷款合同。

1926年—1928年，遗产与合并

1926年4月4日，84岁的奥古斯特•蒂森在朗茨贝格城堡逝世。他的工业遗产分给了两个儿子，弗里茨和海因里希。弗里茨•蒂森成为联合钢铁公司的继任负责人。海因里希接管了没有并入联合钢铁企业的资产。这些资产中大部分后来并入到独立的蒂森-博纳米萨企业集团中。奥古斯特•蒂森去世一个月之后，莱茵河-易北河采矿联盟、蒂森集团、凤凰集团、莱茵钢铁股份公司合并在一起成为了德国最大的矿山冶金联合公司：德国联合钢铁股份公司。1928年，弗里茨•蒂森成了该公司的监事会主席。只有美国钢铁公司在规模上超过这个公司。

1928年—1933年，走近纳粹

阿道夫•希特勒的代表鲁道夫•赫斯请求蒂森为纳粹党（NSDAP）在慕尼黑的总部捐款。蒂森为其担保贷款30万帝国马克。之后蒂森退出了德国国家人民党（DNVP）。1931年5月1日，蒂森加入了纳粹党。阿道夫•希特勒于1932年1月27日在杜塞尔多夫工业俱乐部发表演说。蒂森在和希特勒道别时说了“希特勒万岁”这样的话。蒂森在自己的工厂里设立了纳粹党的办公室。他支持“哈茨堡前沿”（上个世纪30年代短暂存在于德国的极右翼政治组织）针对魏玛共和国的斗争。蒂森签署了向帝国总统递交的任命希特勒为帝国总理的请愿书。

1938年—1945年，与纳粹对抗

弗里茨•蒂森针对犹太人在德国遭受的对待提出抗议，并辞去了普鲁士帝国议会议员的职位。1939年8月31日，他拒绝参加第二天的帝国议会会议：“我反对战争。”

蒂森逃亡到瑞士。他被纳粹党开除，全部财产被普鲁士国家没收。他和妻子被剥夺了德国公民权。女儿及其丈夫盖伯•德•茨希也逃离了德国。美国作家瑞夫斯在法国采访了蒂森，并且根据采访内容写了一本书：《我资助过希特勒》，作者署名弗里茨•蒂森。该书在法国、英国、荷兰、瑞典和阿根廷出版。1941年法国当局将蒂森夫妇交给德国秘密警察，弗里茨•蒂森成为集中营的“荣誉监禁”囚犯。

1945年—1951年，盟军肃清纳粹的审判，去世

美国人解放了蒂森，但又重新将他监禁。1948年，他作为“主要罪犯”站在位于陶努斯科尼希施泰因的肃清纳粹审判法庭前。蒂森成功否认了《我资助过希特勒》这本书的作者身份。最后，他被判处“犯了轻罪”而被释放。同年，奥古斯特•蒂森冶炼厂从英国占领军手中解除管制并被拆除。反对拆除工厂的抗议活动成了年轻的联邦德国社会活动的典范。1949年，拆除行动宣告停止，工厂得以重建。弗里茨•蒂森移居阿根廷他女儿那里。他于1951年2月8日去世。

1946年，第一次婚姻

汉斯•海因里希•冯•蒂森-博纳米萨男爵与特蕾莎•冯•利珀-魏森费尔德公主结婚（1925年出生）。1954年他们离婚。

1948年，蒂森-博纳米萨绘画收藏

汉斯•海因里希在他的父亲逝世一年后，将他收藏的

绘画对公众开放，并将收藏扩大，成为世界上除英国女王外最大的私人艺术品收藏。

1950年，蒂森-博纳米萨的第三代

乔治•海因里希•冯•蒂森-博纳米萨男爵出生。

1953年，股份公司

联合钢铁公司在战胜国的推动下脱离了束缚，但在这一年，它被组建成了一个新公司——奥古斯特•蒂森冶炼股份公司，它再不是一个家族企业了，而是一个股份公司。奥古斯特•蒂森冶炼股份公司后来发展成为联邦德国最大的钢铁联合公司。

1954年，第二次婚姻

汉斯•海因里希•冯•蒂森-博纳米萨男爵同尼娜•戴尔（1930—1965）结婚。1956年，他们离婚。

1955年，钢板热轧机

在高层政治家的参与下，奥古斯特•蒂森冶炼股份公司的第一台钢板热轧机投产。

1956年，第三次婚姻

汉斯•海因里希•冯•蒂森-博纳米萨男爵同菲奥娜•坎贝尔-瓦尔特（1932年出生）结婚。1965年他们离婚。

1960年，官方基金会的建立

7月18日，科隆银行家罗伯特•菲德门奇斯宣布一年前开始建立的蒂森基金会正式成立，总部设在科隆。妻子阿梅莉•蒂森和女儿阿妮塔•德•茨希-蒂森将大部分家庭财产捐赠给基金会用于促进科学进步。

1967年，第四次婚姻

汉斯•海因里希•冯•蒂森-博纳米萨男爵同邓尼斯•朔尔托（1942年出生）结婚。1984年，他们离婚。

1985年，第五次婚姻

汉斯•海因里希•冯•蒂森-博纳米萨男爵同玛利亚•德•卡门•塞尔薇拉（1943年出生）结婚。他称呼妻子为“蒂塔”。

1987年，钢铁危机

鲁尔地区的钢铁和矿业危机达到顶峰。蒂森钢铁股份公司宣布关闭两座高炉。

1997年，没有家族代表参加企业

奥古斯特•蒂森的曾孙费德里科•茨希-蒂森和克劳迪奥•茨希-蒂森宣布退出蒂森钢铁股份公司，他们将持有的股份（15.38%）卖给了德国商业银行。自1997年3月以后，再也没有企业创始人的后代参与该公司。1997年，两家德国最大的钢铁企业克虏伯钢铁股份公司和蒂森钢铁股份公司进行了合并重组，成为欧洲最大的钢铁巨人，取名为蒂森-克虏伯钢铁股份公司，简称“蒂森-克虏伯”。

2002年

4月27日，艺术赞助人汉斯·海因里希·冯·蒂森-博纳米萨在西班牙布拉瓦海岸的家里逝世。

参考文献

专著和文章

Arnst, Paul: *August Thyssen*. In: *Rheinisch-Westfälische Wirtschaftsbiographien, Band II*, Münster, 1937.

Bauert-Keetmann, Ingrid: *Deutsche Industriepioniere*, Tübingen, o. J.

Baumann, Carl-Friedrich: *August Thyssen – Ein Bürger Mülheims*. In: *Zeitschrift des Geschichtsvereins Mülheim a. d. Ruhr*, Heft 61, 1989.

Derselbe: *Fritz Thyssen und der Nationalsozialismus*. In: *Zeitschrift des Geschichtsvereins Mülheim a. d. Ruhr*, Heft 70, 1998.

Derselbe: *Schloss Landsberg und Thyssen*, Duisburg, 1995.

Baumann, Hans: *Männer und Mächte an Rhein und Ruhr*, München-Basel-Wien, 1973.

Bissinger, Edgar: *Männer und Mächte an Rhein und Ruhr*, Essen, 1951.

Buchstab, Günter: *Fritz Thyssen*. In: *Zeitgeschichte in Lebensbildern*, Bd. 9., Münster, 1999.

Däbritz, Walther: *August Thyssen*. In: *Stahl und Eisen*, Heft 32, 1942.

Ellscheid, Robert: *Fritz Thyssen – Sein Lebensweg*. In: *Rheinrohr*, Werkzeitung, März/April und Mai/Juni 1954, Duisburg.

Helmrich, Wilhelm: *August Thyssen, ein Unternehmer des Ruhrreviers*. In: *Tradition. Zeitschrift für Unternehmensgeschichte und Unternehmensbiographie*. Heft 3, 1958.

Huret, Jules: *In Deutschland, 1. Teil: Rheinland und Westfalen*, Leipzig-Berlin-Paris, 1907.

Derselbe: *Das Ruhrgebiet um 1900 – Zu Besuch bei Krupp und Thyssen*, Essen, 1998.

Kielinger, Thomas: *Amélie Thyssen*. In: Joachim Fest (Hrsg.): *Die großen Stifter*, Berlin, 1997.

Knopp, Gisbert: *Schloss Landsberg*, Duisburg, 1994.

Kösters, Hans G.: »*... bis alles in Scherben fällt*«. In: »*essen – die stadt*«, Essen, 1980.

Rasch, Manfred: *August Thyssen (1842 – 1926)*. In: Michael Fröhlich (Hrsg.): *Das Kaiserreich, Porträt einer Epoche in Biographien*, Darmstadt, 2001.

Derselbe: *Vom geplanten Bau eines Denkmals für August Thys-*

sen in Hamborn. In: *Duisburger Forschungen*, Band 45, Duisburg, 2000.

Reger, Erik: *Union der festen Hand*, Berlin 1931.

Rother, Thomas: *Gründer & Erben. Die großen Familien im Ruhrgebiet*, Bottrop, 1998.

Derselbe: *Die Krupps. Durch fünf Generationen Stahl*, Frankfurt am Main/New York, 2001.

Tappe, Rudolf/Tietz, Manfred (Hrsg.): *Tatort Duisburg 1933 – 1945, Band II, Widerstand und Verfolgung im Nationalsozialismus*, Essen, 1993.

Thyssen, Fritz: *I Paid Hitler*, London, 1941. (Original-Impressum: by Fritz Thyssen – Published in association with Cooperation Publishing Co., Inc., New York)

Treue, Wilhelm: *Die Feuer verlöschen nie, August Thyssen-Hütte 1890 – 1926*, Düsseldorf und Wien, 1966.

Treue, Wilhelm/Uebbing, Helmut: *Die Feuer verlöschen nie, August Thyssen-Hütte 1926 – 1966*, Düsseldorf und Wien, 1969.

Turner Jr., Henry Ashby: *Fritz Thyssen and »I Paid Hitler «*. In: *Vierteljahreshefte für Zeitgeschichte*, Juli 1971.

Uebbing, Helmut: *Wege und Wegmarken – 100 Jahre Thyssen*, Berlin, 1991.

Walz, Eric: *Schwule Schurken*, Hamburg, 2002.

Wessel, Horst A. (Hrsg.): *Thyssen & Co. Mülheim a. d. Ruhr – Die Geschichte einer Familie und ihrer Unternehmung*, Stuttgart, 1991.

Winschuh, Josef: *Der alte August Thyssen*. In: *Die heitere Maske im ernsten Spiel*, Frankfurt am Main, 1960.

专业期刊、资料和档案

Archiv der Westdeutschen Allgemeinen Zeitung, Essen.

Archiv der Neuen Ruhr- und Rhein-Zeitung, Essen.

Archiv und Bibliothek Kommunalverband Ruhrgebiet, Essen.

Gruner+Jahr Presse Datenbank, Hamburg.

interpresse archiv, Hamburg.

Katalog: *Landschaften von Brueghel bis Kandinsky, Die Ausstellung zu Ehren des Sammlers Hans Heinrich Baron Thyssen-Bornemisza*, Bonn, 2001.

Katalog: *Impressionisten und Post-Impressionisten aus sowjetischen Museen*, Lugano, 1987.

Niederrhein-Kammer, Zeitschrift der Niederrheinischen Industrie- und Handelskammer Duisburg, 1981, Nr. 4.

Munzinger-Archiv, Ravensburg.

Ruhrlandmuseum – Archiv Ernst Schmidt, Essen.

Schrift zum Festakt 100 Jahre Thyssen, 11. Juni 1991, Thyssen Aktiengesellschaft.

Spruchkammerverfahren gegen Dr. Fritz Thyssen in Königstein, Obertaunus, 1948, Hessisches Hauptstaatsarchiv, Wiesbaden: Verhandlungsprotokolle, 18. 8. 1948.

Stahl und Eisen, Zeitschrift für das deutsche Eisenhüttenwesen, 20. 5. 1926.

Thyssen – Porträt einer Unternehmensgruppe, Duisburg, 1976.
Thyssen Industrie AG – Porträt einer Unternehmensgruppe, Essen, o. J.
Thyssen Industrie AG – Organisation und Leistung, Essen, 1976.
ThyssenKrupp Konzernarchiv, Duisburg.

报纸杂志

Aktuelle: 27. 10. 1997/ 22. 6. 1998/ 23. 7. 2001
Art: 3-1985/ 3-1988/ 5-1988/ 1. 7. 1999
Berliner Morgenpost: 12. 4. 2001/ 8. 9. 2001
Bild: 16. 7. 2001/ 18. 7. 2001/ 29. 4. 2002/ 2.+3. 5. 2002
Bild am Sonntag: 15. 12. 1991
Bunte: 26. 9. 1985/ 20. 8. 1987/ 30. 4. 1997/ 29. 10. 1998/ 20. 5. 1999/ Nr. 11-2002
Capital: 9. 9. 1970
Das Neue Blatt: 28. 1. 1998
Daily Telegraph: 13. 10. 1999
Der Spiegel: 28. 8. 1948/ 17. 7. 1957/ Nr. 31-1960/ 15. 11. 1961/ 10. 7. 1963/ 4. 11. 1964/ 27. 7.1970/ 12. 6. 1972/ 8. 6. 1987/ 2. 2. 1988/ 11. 4. 1988/ 16. 9. 1996/ 24. 3. 1997/ 16. 7. 2001
Deutsche Zeitung: 9. 11. 1973
Deutsche Volkszeitung/die tat: 26. 11. 1983
Die Welt: 9. 2. 1985/ 15. 7. 1986/ 2. 10. 1987/ 21. 1. 1988/ 4. 2. 1988/ 19. 3. 1988/ 7. 4. 1988/ 22. 2. 1997/ 26. 11. 1998/ 18. 9. 2001

Die Zeit: 30. 4. 1971/ 19. 3. 1972/ 22. 6. 1973/ 27. 3. 1987 (Magazin)/ 8. 1. 1988

Frankfurter Allgemeine Zeitung: 30. 7. 1960/ 2. 2. 1987/ 9. 4. 1987/ 18. 9. 1996/ 1. 11. 1997/ 18. 1. 2000/ 12. 4. 2001/ 4. 5. 2002

Frankfurter Rundschau: 12. 8. 1987/ 28. 6. 1988/ 1. 2. 1993

Frau mit Herz: 12. 1. 2000

Frau im Spiegel: 8. 1. 1998

Gala: 23. 6. 1999/ 18. 9. 1997

Gala France: 15. 8. 1996

Hamburger Abendblatt: 23. 10. 1987/ 15. 1. 1998

Handelsblatt: 22. 1. 1988

Hello: 10. 9. 1994/ 16. 1. 2001

Independent: 22. 2. 2002

International Herald Tribune: 10. 11. 1984/ 10 10. 1992

Interpress: 3. 2. 1961

Kölner Express: 8. 5. 1999

L'Éxpress: 8. 7. 1983

Manager Magazin: 2-1985

Men's portfolio: 1. 10. 1997

Mülheimer Zeitung: 1. 4. 1922

Münchner Abendzeitung: 14. 12. 1967/ 17. 12. 1987/ 18. 1. 1993/ 11. 2. 1995/ 18. 12. 1999

Neue Zürcher Zeitung: 25. 12. 1976/ 10. 5. 1987/ 7. 7. 1987/ 15. 7. 1987/ 23. 4. 1988/ 23. 2. 1989

New York Times: 28. 5. 1982
Night and Day: 27. 6. 1999
Observer: 31. 7. 1988
Oh la!: 8. 1. 2001
Paris Match: 20. 1. 1998
Playboy: 4-1990
Point de Vue Image du Monde: 17. 10. 2001
Profil: 7. 11. 1988
Quick: 29. 5. 1985/ 11. 11. 1987
Rheinischer Merkur: 5. 4. 1991/ 2. 10. 1992
Stern: 11. 10. 1973/ 20. 8. 1987/ 21. 1. 1988/ 18. 11. 1999
Stuttgarter Zeitung: 3. 10. 1987/ 12. 12. 1988
Süddeutsche Zeitung: 16. 3. 1985/ 16. 12. 1987/ 11. 9. 2001/ 24. 10. 2001
Sunday Times: 19. 6. 1988/ 3. 7. 1988
Tagesspiegel: 13. 6. 1999
The Economist: 19. 7. 1986/ 9. 5. 1987
The European: 4. 9. 1997/ 3. 5. 1991
Times: 26. 5. 1969/ 5. 8. 1986/ 16.+17. 3. 1988/13.+14. 6. 1988/ 30. 6. 1988/ 23. 7. 1988/ 16. 2. 2002
Vanity Fair: 1-1989/ 1. 7. 1993/August 2002
Vorwärts: 16. 2. 1985
Weltkunst: 15. 6. 1985/ 15. 10. 1985/ 1. 11. 1988
Weltwoche: 9. 4. 1987/ 18. 2. 1988/ 24. 3. 1988/ 14. 4. 1988

Westdeutsche Allgemeine Zeitung: 18. 1. 1953/ 3. 4. 1998/ 24. 12. 1998/8. 4. 2000/ 2. 5. 2002
Westdeutsche Zeitung: 27. 8. 1948
Wirtschaftswoche: 19. 11. 1998
Zürcher Woche: 9. 8. 1970

致谢

本书得以完成，依靠了许多其他书籍。感谢所有研究蒂森现象，特别是研究公司创始人奥古斯特的作者。关于奥古斯特•蒂森个人的资料非常少。这与以他的名字命名的公司恰恰相反。似乎这位老人在通过限制他的个人资料来放大他的神秘感。蒂森-克虏伯公司档案管理人曼弗雷德•拉什博士提供了特别有价值的线索。感谢多位记者和专栏作家帮助我进行调查研究，这里仅代表性地提及：《西德意志汇报》（埃森）驻伦敦记者乌利希•希灵-史塔克，《西德广播电台》驻科隆记者乌利希•辛茨。感谢我的老朋友特奥•高迪希和恩斯特•施密特自始至终给出的友好建议，这些建议对我帮助极大。最后感谢约兰达•罗特提供翻译支持。

托马斯•罗特尔

2002年11月